樂律

黃河變遷史

清代至現代的治河主張

黃河流入近現代，
的治水經驗匯流至此！

岑仲勉 著

斬潘治河優劣 × 清代治河技術

民間方誌記載 × 河航利用主張

「治水之法，既不可執一，泥於掌故，亦不可妄意，輕信人言。蓋地有高低，流有緩急，瀦有淺深，勢有曲直，非相度不得其情，非諮詢不窮其致，是以必得躬歷山川，親勞胼胝。」

——錢泳〈水學〉

目錄

附錄

附圖

編後記

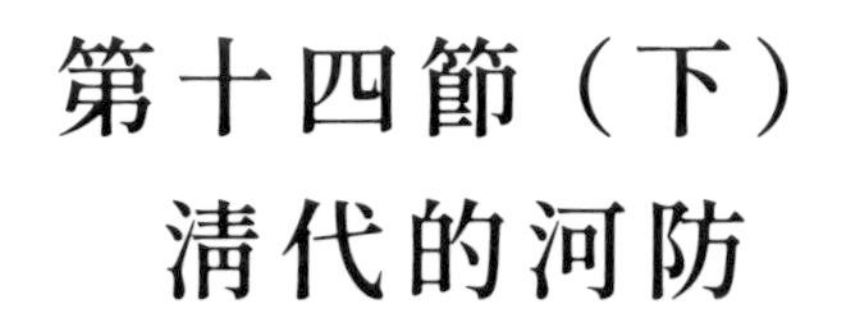

第十四節（下）清代的河防

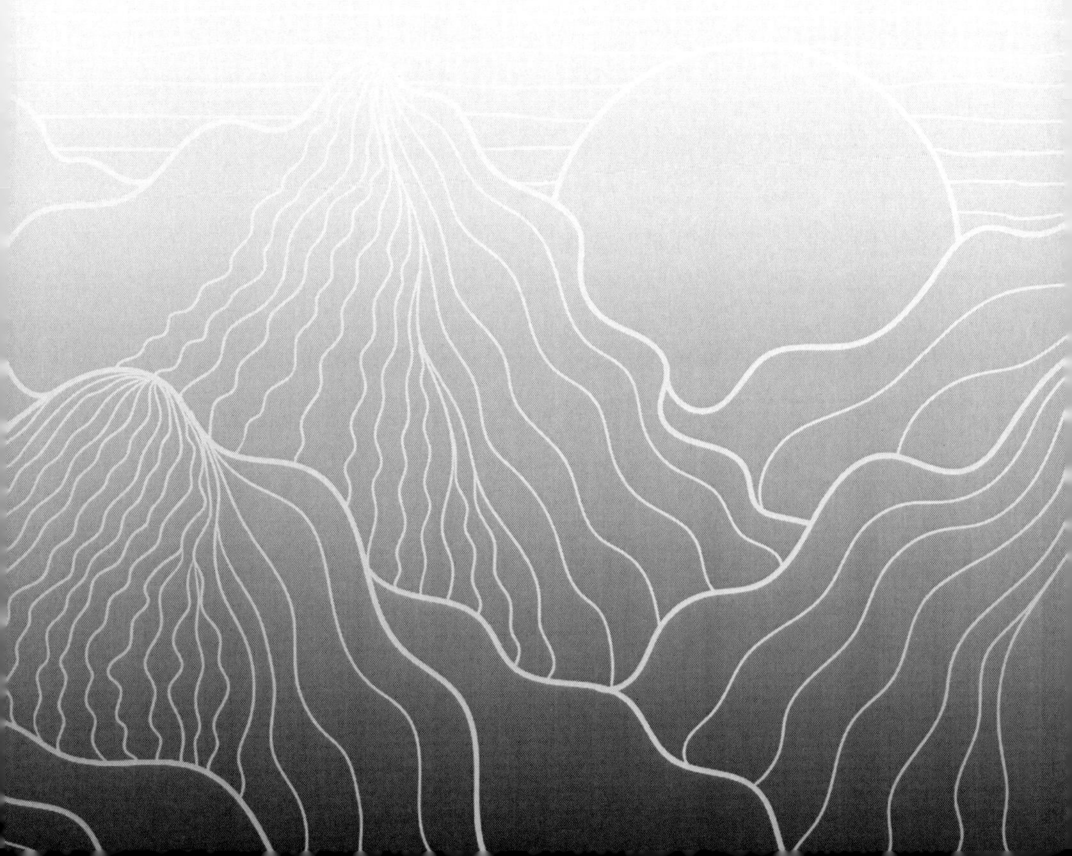

二、靳輔比潘季馴如何？

靳輔是清代治河最有名的一個，世人常潘、靳並稱，靳輔究竟比潘季馴如何，這不可不作專題來討論。

滾水壩相傳是潘季馴的創造，他自己也稱它作減水壩，最近所築溢洪堰就屬於性質相近的建設。靳輔治河，是不主張關閉減水壩的，單就他的治河方法而論，最受攻擊的就是這件事。他曾於南岸碭山毛城鋪建減水壩、閘各一，銅山王家山天然減水閘一，十八里屯減水閘二，睢寧豐山附近減水閘四，都減水入睢河；歸仁堤五堡減水壩一，減入洪澤湖。又於北岸銅山之西石林、黃村二口建減水壩各一，減入微山湖；大谷山減水壩一，蘇家山減水閘一，都減由荊山河入運河；又駱馬湖尾減水壩橋六，叫做六塘，減湖、黃之水入石項湖。[001]

康熙二十六年，湯斌面奏稱：「今雲梯關與前不同，若塞高家堰之壩，則淮水盡入黃河，黃水無倒入淮河之理。從前河堤單弱，不築減水壩則黃河必致潰決；今堤既高堅，若塞堤壩，使水歸一路，則沙不停壅，河身漸深。今靳輔唯恐黃河潰決，於南岸毛城鋪等處築減水壩，令黃河之水入洪澤湖，洪澤湖不能容，又於高家堰築減水壩令入運河，運河不能容，又

[001] 《古今治河圖說》三九頁。

於高郵州等處築減冰壩令入七州縣。」[002] 逐層詰駁，頗為尖銳。又後來陳世倌的批評，首引康熙十六年七月，靳輔自己的奏疏：「黃河南岸一決，必由邸家、白鹿等湖以入洪澤，助其滔天之勢，撼擊高家堰一帶堤工，各堤即堅固如鐵，亦必從頂漫過，下淹高、寶等七州縣田畝，淮流仍舊旁洩，仍不能助淮刷沙，清口以下，仍必淤墊。」[003] 但相隔不多時，輔又於康熙二十一年 [004] 在南岸之毛城鋪、王家山、峰山，北岸之大谷山、蘇家山，各建減水壩閘。陳世倌根據這兩種事件，認為輔言行不符，無非因為「徐家灣、蕭家渡之決，議以革職賠補，故於兩岸分建閘壩，以分水而保堤」[005]，也屬以矛攻盾。然而二十五年六月，湯斌面奏，固自承不知河道情形，因見減水壩「舊時止有四處，今增至三十餘所，目前若竟行堵塞，恐黃河沖決，堤岸民田仍受其害。若不行堵塞，恐水勢分散，河流緩弱，則河底漸高，運道有礙。臣愚欲將減水壩稍築加高，若水大仍可分洩，水小俱使歸道，則河底日逐刷深，水無氾濫之患，減水壩亦漸可堵塞」[006]，仍不敢堅持立即堵閉。若陳世倌認為輔純是因為避免賠補，其實並不盡然。徐家灣、蕭家渡兩

[002] 《康熙東華錄》九一七州縣指高、寶、興、鹽、山、安、泰而言。

[003] 《經世文編》一〇〇。

[004] 這是陳世倌誤記，參十四節上注 22。

[005] 經世《文編》一〇〇。

[006] 《康熙東華錄》九。

處之決，在二十一年（未嘗不與北岸楊家莊完全堵塞有關），毛城鋪、石林、黃村、大谷山四處的減水壩，則早建於十八年。而且據《東華錄》七所載，二十一年冬，九卿等會議蕭家渡決口一案，原擬令靳輔賠修；奉上諭，責令賠修，恐致貽誤，仍准動用錢糧，賠修的事似乎沒有實行。我認為當日不得不應用減水，原有兩個理由：

（一）《河防雜說》稱：徐州「河身寬不過六七十丈，束水至急，若不於上流稍留宣洩之地，則一逢異漲，勢必灌淹州城。……今於碭山縣南岸毛城鋪地方建三十丈寬減水石壩一座，又於徐州北岸大谷山地方建三十丈寬減水石壩一座；……其所減之水，先貯碭山縣南岸之小神湖內，逐漸流入濉河。」又稱：「從前雖百計堤防，而堤高水亦高，常被漫潰，一經漫潰，則水盡旁洩，正河淤墊……不得不建減水壩以洩其非常之勢。」[007] 按黃河自滎澤以下，寬十餘里至二三十里不等。下達徐州，兩岸群山夾峙，「其至寬者莫能過百丈」[008]，下口猝被緊縮，則來水難以制消。既過徐、睢，則又像怒馬脫韁，奔騰激盪，一遇伏秋大漲，徐州上下均極易出險，止靠守堤，並不是穩健的方法。

換句話說，減水就是靳輔當年抵抗潰決的最後一件法寶。

---

[007] 《金鑑》五八及五九。
[008] 《經世文編》九八。

清帝：「河務甚要，若另補一人，必塞減水壩，減水壩一塞，則河堤萬不能保，爾等可有兩全之良法否？」[009]可算明瞭其中為難的情形。又三十三年正月，清帝親詢於成龍減水壩可塞與否？成龍面覆：「於今觀之，實不可塞。」隨諭以「爾排陷他人則易，身任總河則難。」[010]治河是一件很困難複雜的工作，未曾設身處境，就容易陷於隨意批評的態度。當二十六年正月，輔入京備詢的時候，他的答辯無疑露出左支右絀的窘態，然而他止允將高堰閘壩堵塞一年，清帝即依議辦理，[011]那就因消水尚無良法，如果立時斷定永遠閉塞，又恐怕河堤再發生亂子，倒不如暫維現狀了。

（二）減水因為河身不能容，假使黃、淮同時並漲，淮又能夠容納嗎？徐州以下，黃、淮大致是平行的，入淮的黃水流至清口所需的時間，跟黃水由正道流至清口所需的時間，不會差得很久，那麼，到清口黃、淮會合以後，水量減去仍不多，誰又敢保證清口以東不鬧潰決呢？還有一層，黃水減入淮，則淮身自不免停蓄黃泥而墊高（陳世倌說，小神、侍丘、白鹿、林子、孟山等湖早已淤平），結果總是妨礙著保堤蓄清的整個

---

[009] 《康熙東華錄》九。

[010] 同上一二。《水利史》又說，是年「毛城鋪減水壩倒卸，總河於成龍重建，放寬口門，洩量增多（毛城鋪舊壩僅寬三十丈，是年於舊壩之北，重建大壩，放寬口門為一百三十五丈）」（七三頁）。

[011] 《東華錄》九。

計畫。陳潢[012]曾說：「低田一經黃水所淤，水退而土即墊一高，次年必獲倍收，損益亦正相等耳。要之，設減壩則遙堤可保無虞，保遙堤則全河可冀永定，減壩與堤防又相為維持者也。」[013]靳輔減水入七州縣的民田，[014]多半根據這個道理。

二十八年三月，清帝南巡時，對河督王新命說：「黃河險工，靳輔修減水壩令水勢回緩，甚善。」[015]又嘉慶二十年，黎世序疏稱：「歷代河渠諸書及前時明潘季馴經略兩河各疏，無不以多建減水閘壩為防險保堤之計。康熙年間，前河臣靳輔在徐城以上建設……徐城以下又建設……盛漲之時，相機啟放，水落即行堵閉，是於束水攻沙之中，並用防險保堤之法，權宜變通，並無偏倚，實為全河最要機宜。奈近年河道情形，日久更變，毛城鋪以下之洪濉河，[016]太谷山、蘇家山以下之水

[012] 靳輔的幕友。輔被撤職時，奉旨解京監候。《淮系年表》一一誤陳茫。偶翻鄧之誠《骨董瑣記全編》，有一條說潢之死被某人所毒，怕不是事實。

[013] 《經世文編》九八。

[014] 《東華錄》一二，康熙三十三年正月，「諭大學士等曰，於成龍……又奏靳輔放水以淹民田，百姓苦累。朕問從河處放水？所淹者何處之田？奏曰：臣未曾親見，原是侍郎開音布管理下河工程時，曾奏參閘官開高郵州南減水閘，放水沖淹民間麥田。朕後至其地觀之，開閘洩水，斷不至淹害麥田。及問開音布所開何閘？致淹麥田，亦無辭以對。此不過附會於成龍之說耳。」從這，可以曉得減水太多，固然害田，但有時也言過其實。

[015] 同上一〇。

[016] 光緒二十一年張之洞奏，河南黃河支流之減水河洪河，自虞城、夏邑、永城經碭山、蕭縣以達宿州、靈壁、泗州之睢河而注於洪湖，其間河港紛歧而皆下匯於睢河。乾隆時以睢不能容，導為北、中、南三股，中股為睢河正流。咸豐初黃河日淤，豫、江、皖各河亦逐段阻塞，年年水潦，民不堪其患。是年，之洞

線河，均已淤成平陸，黃河亦漸淤高，閘壩口門，有建翎掣溜之虞，減洩之水，無循序分洩之路。……僅存天然、峰山兩處閘座，洩水無多，以致大泛水長，□積不消，黃河兩岸，節節生險……其病皆由於有堤防而無減洩，不能保守異漲也。」[017]才算是客觀的平心批評。可惜減洩之法，用於臨近危急的地方，不用於上游豫省，所見未免不遠，輔之可議，卻在此而不在彼。

前人批評靳輔之治河，往往誤以為他謹守潘季馴的遺法(如晏斯盛說：「墨守潘法」，又李協說，「其治導原理亦一本諸潘氏……無非以潘氏為師」[018])，但細從事實來看，靳跟潘最少有兩點不同的地方：

潘治河四次，除修太行堤外，沒有施工到中游的山東、河南，所以他離任後不久，便決單縣。靳輔呢，他於二十四年九月請築考城、儀封等縣堤長七千九百八十九丈，又封丘縣荊隆口大月堤三百三十丈，[019]這是第一點不同。

乃導北股達於靈壁之嶽河，中、南兩股入宿州之運糧溝以達於澮河，溝恐不能容，則治陀河、梁溝以復其舊(《光緒東華錄》一三一)。參下引乾隆四十九年阿桂的奏疏。

[017] 《經世文編》一〇〇。

[018] 同上九九及前引《科學》八九九頁。

[019] 《東華錄》九。

潘說：「未至海口，乾地猶可施工，其將入海之地，潮汐往來……海無可浚之理。」[020] 靳之《治河第一疏》便稱：「治水者必先從下流治起，下流疏通，則上流自不飽漲，故臣又切切以雲梯關外為重，而力請一例築堤以絕後患。」[021] 築堤即就當地的河心來取土，把浚口、築堤兩事做成統一的工作，這是第二點不同。[022]

《四庫全書總目》七五稱：「明潘季馴《河防一覽》詳於堤壩之說而不言引河，（崔）維雅獨申引河之說，蓋當河流悍激之地，不得不浚此以殺其勢耳。」維雅當順治、康熙間身歷河工二十餘年，寫成《河防芻議》一書，不能說他沒有經驗，他指斥靳輔的減水壩為不可用，也非毫無理由。減水如果沒有現成的去路或貯積的低地，確不如引河。

總之，拿潘、靳兩人來比較，潘在督河任內，泗州的積水無法消洩；靳承河務最壞之後，連任十年，除去視事未久的楊家莊決口之外，徐家灣、蕭家渡兩處決後不久即塞，再沒有出過什麼險工，那正像清帝所說：「數年以來，河道未嘗沖決，

---

[020] 《明史》八四。

[021] 《經世文編》九八。

[022] 在靳輔之前的，如順治九年頃王永吉、楊世學均稱：「治河必先治淮，導淮必先導海口；蓋淮為河之下流，而濱海諸州縣又為淮之下流，乞下河、漕重臣，凡海口有為奸民堵塞者，盡行疏濬。」（《清史稿．河渠志》一）靳輔「治水者必先從下流治起」的主張，也不外這個意義。

漕運亦未至有誤，若謂靳輔治河全無裨益，微獨靳輔不服，朕亦不愜於心。」[023] 單從這一點，已見靳之治河，比潘勝得多。

三、清代初期治河的意見

除去沿襲前代老生常談的方式之外，較為標新立異的意見，有如下數種：

(1) 溝洫法 [024]

明陸深《續停驂錄》說：「今欲治之，非大棄數百里之道不可，先作河陂以潴漫波。其次則濱河之處，仿江南墟田之法，多為溝渠，足以容水。」[025] 嘉靖二十二年，總河周用上理河疏，言河患由於溝洫不修，「一言以蔽之，則日容水而已。……

---

[023] 《東華錄》一〇，康熙二十七年四月。

[024] 史書上最明確的溝洫紀錄，以鄭為最早，《左傳．襄公十年》(元前五六三年)：「初子駟為田洫，司氏、堵氏、侯氏、子師氏皆喪田焉，故五族聚群不逞之人，因公子之徒以作亂。」開田洫就是子駟被殺的原因之一。跟著襄公三十年(元前五四三年)，子產執政，使「田有封洫，廬井有伍」，經過了一年，國人對這種設施還很不滿意，有「孰殺子產，吾其與之」的詛罵。到了三年之後，才作出「我有田疇，子產殖之」的歌誦。由這來看，如果真有禹開溝洫那一回事，隔了千多年，成效盡已彰彰，鄭國的人怕沒有那樣子頑梗不化嗎？讓一步說，禹開溝洫是真，然禹興於西羌(據《史記》)，前人都認溝洫創行於西北，徐中舒以為水利事業之發達，是由齊魯以入鄭及韓、魏(《歷史語言所集刊》五本二分二六八頁)，所指的傳播方向，與舊說不能符合。總括一句，上古的開溝洫是為灌溉，不是為治河的。

[025] 《金鑑》一七。

天下皆修溝洫，天下皆治水之人，黃河何所不治，則荒田無所不墾」[026]。徐貞明《潞水客談》說：「當夏秋霖潦之時，無一溝一澮可以停注，於是曠野橫流盡入諸川，諸川又會入於河流，則河流安得不盛。……今誠自沿河諸郡邑……疏為溝澮，引納支流，使霖潦不致氾濫於諸川，則並河居民得資水成田，而河流亦殺，河患可弭。」又焦竑《治河總論》說：「又於青、兗、冀、豫可田之處，各正溝洫以引水之溉而披其勢，則治田亦以治河也。」[027] 這些都是利用溝洫來治黃的籠統言論，但沒有找出具體辦法。

清初，休寧人施璜著《近思錄發明》，才提議以五省之地，容五省之水，五省之人，治五省之水，猜想甘、陝、晉、豫四省三千方里內，可容溝洫二萬萬丈，「如使淤泥散入澮洫，每畝歲挑三十尺以糞田畝，則地方二十里，歲去淤土六百四十八萬尺，餘水注入中流，刷深河底，雖逢水消，仍得暢流」[028]。又沈夢蘭（乾隆四十八年舉人）《五省溝洫圖說》稱：「伏秋水漲，則以疏洩為灌輸，河無泛流，野無熯土，此善用其決也。春冬水消，則以挑浚為糞治，土薄者可使厚，水淺者可使深，此善用其淤也。」又稱：「河流漲發，時憂衝決，使五省遍開

[026] 《圖書整合．山川典》二二六。

[027] 同上二二三。

[028] 《治河論叢》六三頁，又同前引《科學》九二一頁。

溝洫，計可容漲流二萬餘千丈……漲流既有所容，河堤搶築歲費，漸次可裁。」[029] 按宋神宗曾大行注淤田（今稱灌淤）的方法（參《宋史》九三及九五），只沒有應用於黃河，如果上游能推行盡善，當然是防淤的治本方法，也就是防河的治本方法之一。唯張含英認沈氏的溝洫說不是為灌溉而是為免患，[030] 則又不盡然。沈雖謂「溝洫之制，非專為灌溉設」，但他的目標實在興水利，仍是兩面兼顧的。

(2) 引淮入江

這一說也是明人提倡。乾隆八年，莊亨陽的《河防說》，又有過下面一段話：「論者又謂閉天然減水壩以蓄清敵黃，既大害於凰、潁、泗，壅之而潰，又大害於淮、揚，不若塞斷清口，別於天長、六合間鑿山隙六百餘里，導淮入江，一勞永逸。」[031] 這一提議如果地勢許可，勞費固在所不惜；然引入長江後，於江那方面會發生什麼損害，是不容易猜想的；也就是說，這個提議的價值，是不輕易隨便估評的。

而萬曆五年湯聘尹提議導淮入江時，[032] 潘季馴的駁論是：

---

[029] 《經世文編》一〇六。光緒二十四年趙巨弼也請開溝洫以散水力，見《再續金鑑》一三八。

[030] 《治河論叢》六三－六四頁。

[031] 《經世文編》一〇〇。

[032] 《明史》八四。

「向有欲自盱眙鑿通天長、六合，出瓜埠入江者，無論中亙山麓，必不可開……淮若中潰，清口必塞，運艘將從何處經行？」[033] 在依靠淮運的明、清時代，更無法實行。又萬曆二十四年，張企程疏：「欲洩之出江，查得江岸反高於諸湖。萬曆五年以前，淮水南注，高、寶告急，不得已闢儀、揚通江諸路，乃高郵之水僅減二尺，而揚州往來船隻阻淺者幾三十里，地勢高下，迥然可知。」……即近日金家灣，芒稻河之開，竟不能大洩湖水出江，其故可知也。[034] 各地海拔的高低，手頭沒有資料來比較，如果企程的話不錯，自然的阻礙，在往日越難克服了（康熙中，張鵬翮總河時，亦嘗疏人字、芒稻等河，引運河水入江，所得效果如何，尚待詳考）。

(3) 河南分洩

乾隆四十四年九月諭稱：「昨歲豫省漫下之水，賴有賈魯河容納，黃流不致旁溢，是賈魯河未嘗不可留以有備。」[035] 四十九年，又以豫工連年漫溢，堤外無宣洩之路，飭阿桂等查勘，可否就勢建減水壩，俾大汛時有所分洩。阿桂等覆稱：

豫省黃河自滎澤下至虞城，計程五百餘里，堤長共九萬

[033] 《金鑑》三五。
[034] 同上三九。
[035] 《續金鑑》一九。

四千三百丈，向無分洩之路，似屬前人辦理未周。然建壩必須膠泥，引河尤須倒勾，庶不致掣動溜勢。……今查豫省堤工，滎澤、鄭州境內土質尚堅，距廣武山甚近，堤頭至山腳一千四百餘丈，其無堤之處，遇黃河水勢長至一丈以外，即由山腳漫灘，歸入賈魯河下注，是此一帶本無庸再設減水石壩。……其堤南洩水各河，除睢水河久經淤塞，唯賈魯河一道系洩水要路，發源於滎澤縣之大周山，由鄭州、中牟、祥符、尉氏、扶溝、西華等州縣，至周家口入沙河，自沙河經裔水入江南太和縣境，至正陽關淮河，入洪澤湖。又惠濟河一道，即賈魯河之分支，歷中牟、祥符、陳留、杞縣、睢州、柘城、鹿邑，入江南亳州境內之渦河，可達淮河，亦歸洪澤湖。此二河離黃河大堤，自十三四里至四五十里不等，綿長數百里至千餘里不等，現俱窄狹，間有淤墊，如須減黃，必應大加挑浚……非一時所能集事。[036]

這個問題就此擱下不談。我們試看阿桂所說，黃河水漲，便漫灘歸入賈魯河下注，就可見人們雖未替黃河籌宣洩，而黃河自身早已別謀宣洩之路。我們所要求的不定是大量減黃，只求於大雨暴漲的時候，使它多一分旁洩，就可減輕一分潰決的危險。宣洩次數既多，賈魯、惠濟等河自然非常加挑浚不可。但在狹窄的支河，用功總比在大河為易，以視發生了潰決之

[036] 《經世文編》一〇〇。

後，損失無數生命、財產，又要耗費很多財力來辦理善後，比較那一條路上算，實不待智者而知。不過河工人員多是畏難苟安，所以沒有想著因勢利用罷了。

(4) 兩河輪替互用

趙翼說：「河之所以潰決者，以其挾沙而行，易於停積，以致河身日高，海口日塞。……今欲使河身不高，海口不塞，則莫如開南北兩河，互相更換；一則尋古來曹、濮、開、滑、大名、東平北流故道，合漳、沁之水，入會通河，由清、滄出海，一則就現在南河大加疏濬，別開新路出海，是謂南北兩河。……所謂開兩河者，雖有兩河，而行走仍只用一河，每五十年一換，如行北河將五十年，則預浚南河，屆期驅黃水而南之，其北河入口之處，亟為堵閉，不使一滴入北。及行南河將五十年，亦預浚北河，屆期驅黃水而北之，其南河入口之處，亦亟堵閉，不使一滴入南。如此更番替代，使洶湧之水，常有深通之河，便其行走，則自無潰決之患，即河工、官員、兵役亦可不設，蘆稭、土方、掃木之費，亦可不用……此雖千古未有之創論，實萬世無患之長策也。……或謂地勢北高南下，既已南徙，必難挽使北流，此不然也。……宋之南徙，蓋亦因北河淤高，不得不別尋出路耳。今南河亦淤高矣，高則仍使北流，是亦窮變通久之會也。或又謂挽使北流，將不利於漕運，此亦非也……」[037]從趙氏的出發點來看，他已領悟得北方的河床高，必會改道到南方，及至南方的河床較高，必會改道到北方;他又解決了黃河即使往北改道，漕運不怕中斷的問題，那都可算他比別人有進一步的了解。但從整個計畫來看，他異想天開、脫離現實，跟西漢的齊人延年一樣。最高的洪水水位，現在還有疑問，[038]應深至怎樣程度，在那時更不易猜想。趙氏也知道河沙易停積，然河性稍遇阻滯或對方抵抗力弱，它就會橫衝直撞，我們哪能夠保證一點沒有淤積？並不是堵閉了入口，便可高枕無憂。依照黃河史的紀錄，它沖成一道新河之後，往往相隔不久，它又捨棄了新河，另向別處潰決，是不是我們預備了一條河道，它就依著來走，不會作出越軌的行動呢？趙氏的理想，無非認為「深通」便不會出亂子，那又須知「沖積之事，有關於切面之形狀、降坡之大小、流量及流速之數量者至巨，若棄而不言，僅就加寬加深方面來考量，則寬足以緩流，緩足以致澱，而深亦不能生其效」，[039]關係是很複雜的。

此外，雍正三年，河決睢寧，胡宗緒著《對河決問》一卷，大旨以為通河於衛，歸河於海，為河、運兩利之道。[040]未見其文，無從批判。

---

[037] 據《蠡勺編》二六引。

[038] 一九五二年《新黃河》七月號第三三一四〇頁。

[039] 《治河論叢》五六頁。

[040] 據《圖學季刊》十卷三期四四六頁引。

四、改道後治河的主張

當咸豐改道的初期，正值太平天國起義，清廷方力求鎮壓，無論百姓怎樣痛苦，都已付諸腦後。又碰著豫、魯交界還未十分刷出河身，黃水到處氾濫，下游受害較少。到同治初年民間的堰埝逐漸圈築起來，十一年以後漸有潰溢，始築上流的南堤，光緒八年後更普築兩岸大堤，河患也跟著日甚一日。在這時期之內，提出治河策略的倒也不少，現在且把它大致為十類來論述：

(1) 三路出海

當改道那一年，魯撫崇恩即奏稱，往日運河盛漲之時，掣洩歸海的路有三條，一入徒駭，二入馬頰，三入大清。那三道河間斷淤淺，而全黃水勢浩瀚，斷非它們所能盡洩，「若能因勢利導，使橫流別有歸宿，則唯尋金時故道，盡廢運河諸閘，一使之由濟寧迤南，會泗水達淮徐入海，一使之由東昌臨清以北，會衛水歸天津入海，再以東岸之大清、徒駭、馬頰三河為旁洩之路，由利、沾等縣入海以分其勢，或可免旁趨之患」[041]。依照他的提議，直是恢復荒古時代魯豫大平原尚未形成的黃水橫流的現象，無疑是絕不能行的。

[041] 《歷代治黃史》五。

(2) 復故道

較早的同治七年胡家玉請浚故道，[042]跟著十一年丁寶楨、文彬也力主這一說，[043]此外還有遊百川。

反對復故道的人倒不少，最初如張亮基、黃贊湯，[044]後來又有蔣作錦、[045]曾國藩、李鴻章、張曜及成孚等（光緒十二[046]），其中也有挾著地方主義的，像前文所指出的翁同龢等。不過事情隔上二十年，故道方面經過許多變化，要來恢復是一件幾於不可能的事，這裡把同治十二年李鴻章的奏疏抄出一些以作代表：

見在銅瓦廂決口寬約十里，跌塘過深，水涸時猶逾一二丈；舊河身高決口以下水面二三丈不等，如欲挽河復故，必挑深引河三丈餘，方能吸溜東趨。……十里口門進占合龍，亦屬創見。……且由蘭陽下抵淮、徐之舊河身，高於平地三四丈，年來避水之民，移住其中……若挽地中三丈之水，跨行於地上三丈之河，其停淤待潰、危險莫保情形，有目者無不知之。……查嘉慶以後清口淤墊，夏令黃高於清，已不能啟壩送運。道光以後，御黃壩竟至終歲不啟，遂改用灌塘之法，自黃

[042] 《同治東華錄》七五。
[043] 同上九五。
[044] 《再續金鑑》九二－九三。
[045] 《歷代治黃史》五。
[046] 《光緒東華錄》八〇。

浦洩黃入湖，湖身頓高，運河水少，灌塘又不便，遂改行海運。今即能復故道，亦不能驟復河運。……大清河原寬不過十餘丈，今已刷寬半里餘，冬春水涸，尚深二三丈，岸高水面又二三丈，是大汛時河槽能容五六丈，奔騰迅疾，水行地中，此人力莫可挽回之事。[047]

光緒十二年，張曜也稱復故道有三難：(1) 工費太大。(2) 奪人民已墾之地。(3) 洪澤湖水勢因此而越弱。[048] 經過這些辯論，復故道之主張，已然失勢。十三年鄭州之決，雖仍有人舊事重提，但以清末財政支絀，即使有此設想，也終被經濟問題所約束住了。

(3) 減水

黃河入山東之後，至魚山（屬東阿）以西，河面還算寬廣，漸向東則漸窄，寬的只一二里，窄的更不到一里（據光緒十年吳元炳奏）[049]，所以那時候提出的計畫，多主張開河減水（如惲彥彬）。按咸豐五年崇恩奏：「在常時運河盛漲，掣洩歸海之路有三：其在張秋以上為東昌，兗州屬之陽穀、聊城交界，開龍灣減水閘，洩入徒駭河，東北經博平、高唐、茌平、

[047] 《清史稿・河渠志》一。
[048] 《光緒東華錄》七五。
[049] 《再續金鑑》一一五。

禹城、齊河、臨邑、濟陽、商河、惠民、濱州，至沾化之久山口入海。又其上為東昌府屬之堂、博、清平交界，開魏家灣減水閘，洩入馬頰河，東北經清平、高唐、夏津、恩縣、平原、德州、樂陵、慶雲，至海豐之沙土河入海。[050] 其一則開東阿之五孔橋，即洩入大清河，至利津縣之牡蠣口歸海。」[051] 運河來源不大，也要分減，黃河不能不減，聯繫實際者定必無人起而反對（空談者不算）。然而分到什麼地方？從哪些地方分起？則各人的意見不盡相同，大概可別為三種：

（甲）分入徒駭。同治二年，[052] 河督譚廷襄奏，張秋以下，狹不能容，本年尤甚，宜設法疏濬徒駭、馬頰二河。遞年，朱學篤請浚徒駭，俾黃流分入。[053] 到同治十一年曾浚過一次。[054] 光緒五年，夏同善以開通支河入徒駭為治河三策之一，[055] 九年，陳士傑也有相似的條陳。[056] 同時，遊百川會勘東省河患後，曾提議分減黃流，他說：「濟一受黃，其勢岌岌不可終日。查大清河北、徒駭最近，馬頰較遠，鬲津尤在其北。大清河與

[050] 據光緒十年李鴻章疏，馬頰河經十一州縣，有德平、禹城、齊河、長清而無清平、夏津。又稱，自平原縣鍋培口馬頰河頭至海豐沙土河海口止，共長四百十三里（《經世文續編》九〇）。

[051] 《再續金鑑》九二。

[052] 據《同治東華錄》二九。《古今治河圖說》四五頁誤作三年。

[053] 《同治東華錄》四一。

[054] 見《光緒東華錄》三〇。

[055] 同上。

[056] 同上七五。

徒駭最近處，在惠民白龍灣，相距十許里，若由此開築減壩，分入徒駭河，其勢較便。再設法疏通其間之沙河、寬河、屯氏等河，引入馬頰、鬲津，分疏入海，當不復虞其滿溢。」[057] 事實上是擬從歷城的杜家溝引河入徒駭，又從長清的五龍潭引河入馬頰。但因黃河本身在惠民、濱州等處，已漸淤塞，再行分洩，怕漫溢為害，其議遂寢。十六年，張曜於齊河以上之趙莊，建分水閘，卒因徒駭節節壅淤（或說由於地方人民反對），沒有開放。[058] 據周恆祺說，徒駭寬約五六十丈，深只五至七尺。[059] 據張曜說，徒駭北岸至沾化流鍾鎮地方，其河闊五六十丈，深二丈三四尺，又七十里至陳家廟，又七十四里至海口，自臨邑田家口至流鍾，計長二百三十里。[060] 又據盧法爾調查，徒駭河形頗彎曲，孔家莊距海口約七十里，河面約寬九十丈，小水時約六十丈，大水時離岸尚約低八尺，上游禹城以下，全已淤塞。[061]

（乙）分入馬頰。說已附見前條。據李鴻章查覆稱，直隸地勢低下，恐開引後侵入京畿，事遂不行。[062]

[057]　《清史稿．河渠志》一。

[058]　《歷代治黃史》五，參《治河論叢》二二五頁，趙莊作胡莊。同時，黃煦也主張分入徒駭二河。

[059]　《光緒東華錄》三〇。

[060]　同上七五。

[061]　《歷代治黃史》五。

[062]　《光緒東華錄》五九。

（丙）分入南河。張曜雖說故道難復，他卻主張分入南河，他說：「議者每謂黃河不宜分流；漢時河入千乘，王景治之，德棣之間，播而為八，[063]無河患者數百年，此分流之明效也。近如滎澤、中牟，豐北以及銅瓦廂，前後十六年間四次漫口，此河不分流不能無患之明證也。」[064]又「減水與決口情形迴不相同，決口則大溜驟然旁洩，水勢頓緩，自必因之停淤。若減水則於汛漲之時，逐漸分流，正河溜勢暢行，無虞停淤之患。」[065]這一主張得遊百川之贊同。

總括來說，處汛水暴漲和緊急萬分的時候，減水是必須的一項方法，張曜又曾說過：「減水必居上游，乃能得勢。」[066]故無論分減入徒駭或馬頰，專就魯省著想，雖然不失為救急之一法，但就全河著想，分水的第一步斷應設在滎澤或其附近，我覺得是毫無可疑的。

（4）測量地勢高低另闢新道

這是馮桂芬的主張（馮死於同治十三年）。他著有《改河道議》，請下繪圖法於直隸、河南、山東三省，遍測各州縣高下，縮為一圖，乃擇其窪下遠城郭之地，聯為一線以達於

---

[063] 這是沒有根據的話，辨見八節六項。

[064] 《光緒東華錄》七五。

[065] 同上七八。

[066] 同上七五。

海。[067] 在理論上似乎很過得去，實際上則未免過於高調。我們不能保證黃河不出事，更不能保證泥沙完全不淤澱，任有一樣，即所謂「窪下聯合線」便爾改觀，很難保持其經久不變的。我們縱使有如許的人力、財力，是否能夠取得相當的收穫呢？

(5) 疏濬或浚海口

張曜說：「治河之法，總以疏濬之策為上，歷因疏濬為難，專事堤防，又因堤防屢潰，遂議分減。蓋水底疏濬，固難為計，若上游決口，下游河身乾涸，乘時挑挖，人力應所能行。」[068] 他的話確未可厚非的，挾帶多量泥沙像黃河，我們如果不能想出一種怎樣可以疏濬甚至可以利用的方法，在治河史上總留著極大的遺憾。

疏濬雲梯關海口，在前行走南河的時候，談過的人已不少，現在轉到山東來，海口又一樣鬧淤塞，可見這是泥河而又兼逆河的必然性。首先是光緒五年，夏同善以浚海口為治河三策之一。[069] 同年，朱採《論治河口》稱：「海口新河口一帶，向分東西兩溜，中即板沙，去歲秋汛甚大……板沙衝去不

[067] 《經世文續編》八九。
[068] 《光緒東華錄》七八。
[069] 同上三〇。

少。」又十二年《復朱桂卿書》稱：「凡河水出口之交，海水逆潮而上，彼此頂託，水勢一阻，其行必緩，沙泥下沉，即成土埂一條。積而久之，愈積愈多……靳文襄所以有海口迤上築堤之舉，蓋取其有所約束，能聚以攻沙。」[070] 跟著就有許多海口築堤的言論，如潘駿文《現議山東治河說》稱：「此時欲攔沙之不礙海口，須入海之溜勢力專，欲溜勢之力專，須有收束，使無散漫，是非接長堤身不可。」[071] 盧法爾也以為先築海塘，「接長河堤入海，則水力益專，能將沙攻至海中深處，為海口必不可少之工程」。[072] 更如二十五年，東撫毓賢奏稱：「尾閭之害，以鐵板沙為最，全河挾沙帶泥，到此無所歸束，散漫無力，經以風潮，膠結如鐵，流不暢則出路塞而橫流多，故無十年不病之河。擬建長堤直至淤灘，防護風潮，縱不能徑達入海，而多進一步即多一步之益。」又宣統三年，東撫孫寶琦奏：「下游至海口，尚有數十里無堤，南高則北徙，北淤則南遷，數十年來入海之區，已經數易，長此不治，尾閭淤墊日高，必至上游橫決為患。」[073]

從實際來看，這些都不是靳輔在雲梯關外展築縷堤的意思，但築堤能不能夠阻止淤積，還有待於事實的證明。就算可

[070] 《再續金鑑》一五五。
[071] 同上一五六。
[072] 《歷代治黃史》五。
[073] 《清史稿·河渠志》一。

以，比方能推至數十里以外，而河口的伸展卻還同時進行著，則經過若干年後，推出海中之泥土，又變成攔河之沙。歸根結果，可說是暫救目前，還未能圖謀久遠。盧法爾曾援引美國密西西比海口、法國仙納海口及比國麥司海口數個例子，強調海塘的大用。按各河所含之泥沙量，我未經詳細查考，但據張含英說，以重量計，黃河為四九分之一（陝州）或九四分之一（灤口），密西西比河為一，五〇〇分之一，就平均流量計，後者雖比黃河大二十倍，而含泥量則遠不及之，[074]是施之密西西比河而有效的，未必施之黃河而亦有效。

遊百川說：「黃初入濟，尚能容納，淤澱日高，至海口尤日形淤塞。沙淤水底，人力難施，計唯多用船隻，各帶鐵篦、混江龍上下施刷，使不能停蓄，日漸刮深，疏導之方，似無逾此。」[075]唯據光緒二十二年李秉衡奏報，卒以笨重難行，未能見效。又十三年張朧購入法國挖泥機器船，嗣在利津太平灣和天津蠻子營試驗，只能吸水，不能挖泥，將貨退還。李氏以為因黃水挾帶泥沙，機器難以旋轉，且浚河器具，輕則入水不深，未能得力；重則陷入泥底，行駛維艱，均之難收實效。[076]不過《庚子條約》仍議定在天津、黃浦江兩處置船挖治，又劉

[074]　治河論叢》一〇八－一〇九頁。

[075]　《清史稿·河渠志》一。

[076]　《歷代治黃史》五。

寰偉說，挖泥為最不經濟之計畫，雖用最新機械，仍然耗費很大，且每每旋挖旋積，帶給地方以無窮之擔負，如果是廣闊大河，更為經濟上不可能之事。[077] 張含英也說，挖泥船隻可施用於區域性，如果盡量挖出，輸至堤根，其費用將不可勝計，[078] 是挖泥器非全不可用，只在費用問題。何況機械日異月新，利用戽、槽等項，轉輸不像往日艱鉅，能夠挖去多少，就可替河道減去多少阻塞，免構成河身高於屋頂那樣危險；另一積極方面又可對田土填淤，增長生產。由於這些原因，我認為即使可以保證淤積不再增加，挖泥也應該繼續進行的。

(6) 築堤束水

同治末年，蔣作錦、喬松年就有過這項提議，丁寶楨、李鴻章都認為於濟運無把握。[079] 李秉衡又說：「大清河自東阿魚山而下，至利津海口，原寬不及一里，深至四五丈，束水可謂緊矣。自咸豐五年銅瓦廂東決以來，二十年中，上游侯家林、賈莊一再決口，而大清河以下尚無大害。然河底逐年淤墊，日積日高，迨光緒八年桃園決口以後，遂無歲不決，無歲不數決，雖加修兩岸堤埝，仍難抵禦。今距桃園決口又十五年矣，

---

[077] 前引《科學》五卷九期。

[078] 《治河論叢》五八—五九頁。

[079] 《同治東華錄》九七及《歷代治黃史》五。

昔之水行地中者今已水行地上，是束水攻沙之說，亦屬未可深恃。」[080]

束水攻沙是潘季馴就提出的觀念，前文已談過好幾次，謹守束水攻沙而不知變通的莫如劉鶚。他一方面知道潘說之弊為易溢，須要善用；另一方面卻又以為「黃河初至山東，大清河身僅三十餘丈而已，而歷十餘年無漫溢之患者，河狹束水故也。至同治初年，人始爭言展寬河面矣，於是十年遂有侯家林之工，十二年遂有賈莊之工，至光緒八年桃源工後，言展寬河面者乃百口一聲，而河患亦駸駸日甚。十年遂漫河套圈及李家岸（李家岸屬齊河），十一年遂漫陳家林（屬齊河）及傅薪莊（屬章丘），十二年遂漫王家圈及姚家口（屬惠民），十四年乃盡廢濟陽以下南岸民堰而退守大堤，河面遂展寬至一千餘丈，可謂極矣。竊考潘印川之時，河面不過寬三百丈……靳文襄時中游河面不過寬二百八十丈，下游河面不過寬一百二十丈。……是以十五年遂一漫於韓家垣，再漫於大寨，三漫於紙坊（歷城），四漫於張村。十六年……終不免高家套（齊河）之溢。」[081]

把山東的河患歸咎於河面太寬，是不是正當理由呢？黃河初入山東，沒有刷開完整的河身，到處氾濫，它不是不決，只

[080] 《歷代治黃史》五。
[081] 《再續金鑑》一五八。

是漫決（可參前引潘駿文「現議山東治河說」），劉氏反謂「無漫溢之患」，這是觀察錯誤的第一點。

黃河自孟津以下，逐漸展開，最狹的也及十里，山東河面即展至一千餘丈，還未能與豫省最狹的相等，劉氏所舉例並未計及河南，這是觀察錯誤的第二點。

黃河無論走江蘇或山東出海，平均來說，下游的潰決總比豫省為多，而且豫省境內的潰決也常常由下游壅滯所引起，劉氏以為河寬便多決，在歷史上還未找出正確的根據，這是觀察錯誤的第三點。

總括來說，「過寬則停淤，過窄則易溢」[082]，面寬固然流緩易淤，使河身抬高，然而有寬來補救，其為害緩。狹則實不能容，勢必趨於潰決，一經潰決而溜慢，河床就比面寬的急遽增高，其為害速。一速一緩之間，我們應該如何取捨呢？

(7) 開直河彎

這是夏同善三策之一。[083] 毓賢曾說：「坐彎之處，一彎一險，如上游之賈莊、孫家樓，中游之胡家岸、霍家溜、桑家渡，下游之白龍潭、北鎮、宋家集、鹽窩，均著名巨險，其餘險處甚多，此固非裁彎取直不可。然亦須相度形勢，如坐彎過

[082] 張曜的話，見《光緒東華錄》七八。

[083] 同上三〇。

大，引河工長，上口無收吸之勢，下口直逼沖岸，則去一險復生一險。必引河上口能迎溜勢，下口直入河心，既可避無數險工，又不至顧此失彼，方為得計。」[084]

彎多固然易出險 —— 尤其舊日的土堤不固，又可延滯漲潮的消退，但河太直也有它的毛病，前文已提過了。不過，據我從歷史上來觀察，在較長的地段和較長的時間之內，黃河本身確自然地進行其取直性，最古而約略可考的就是濟水（黃河故道）中游的淤斷。

其次則歷金、元以至明初，黃河由浚、滑向南擺動，形成原武至封丘的直線。最近則咸豐銅瓦廂潰決後，河水初時走菏澤閻什口，濮州張家支門，循趙王河北行，嗣一決紅川口，再決霍家橋，河身漸改為較直的形勢。這些都是突出的例子，唯進行較慢，使一般人不知不覺，這是研究河性所應該謹記的。至於黃河上游的「九曲」，顯受自然山脈所束縛，小段裡面的坐彎，也當個別有其特殊的原因，似乎不能看作黃河的本性。

(8) 移上源流向南海

「光緒黃河鄭州決口，董毓琦上固本、清源二策。所謂固本者，舍蘆葦雜泥之舊，效船政鐵柱之坪，固其本而千年不

[084] 《歷代治黃史》五。

拔。清源者窮其源於青海，合金沙、雅龍、滄、怒江入於南海，分水勢而中流乾，終古永無河患。」[085]

然而如所周知，黃水暴漲的來源發生在靈、夏以東，我們能夠那樣做，對河患也不見得能有多大幫助。

(9) 讓地

光緒二十五年李鴻章的籌議，說濼口下段四十餘里，要險極多，十餘年間已決九次，擬棄埝守堤；北岸自齊河至利津三百二十里之民埝，逼近河干，致河面太狹，或寬不及一里，亦應棄埝守堤，奈北堤殘缺，無可退守，擬暫照舊守埝，將來再廢埝守堤。[086] 三十年決利津薄莊，東撫周馥覆勘後報稱，漫口以下，測量水深一丈數尺至二三丈，奔騰浩瀚，就下行疾，入徒駭後勢益寬深，較鐵門關、韓家垣、絲網口尤暢達，與其逆水之性，耗無益之財，救民而終莫能救，不如遷民避水，不與水爭地，而使水與民各得其所。[087] 按周氏佐李幕多年，無疑是由同一見解所推衍。李氏曾指出當日開封河寬十餘里，又山東上游河面寬於中下兩游，均決溢較少，從前徐州之下河形較窄，決溢頗多，作為明證。但從科學眼光來看，不知道過水量

---

[085] 據《圖書館學季刊》十卷三期四五一頁茅乃文的選文。

[086] 均《歷代治黃史》五。

[087] 同上。

多少，實無從斷定河面寬窄和堤距遠近，[088]不過棄埝守堤，放寬河面，用意與分水無殊，究是明智之舉。

(10) 盧法爾的條陳

盧法爾最早以近代科學方法來研究治黃。他說，下游停淤之沙，是從上游拖帶而來，一過滎澤，一派平原，水力遂殺，流緩則沙停，沙停則河淤，河淤過高，水遂改道。黃河以開封為中心，自闢半徑之路，於揚子江北中間千五百里扇形之地，任意穿越，雖在山東為患，而病原不在山東。天之生水，原以養人，何嘗以害人？良由治水僅顧一隅，不籌全域性，故就中國治黃河，黃河可治；若就山東治黃河，黃河恐終難治。這一段概論可謂要言不凡，中國舊日治水名家多未能道得出的。

治河應行先辦之事，他指出三件：(一) 測量全河形勢，凡河身之寬窄淺深，堤岸之高低厚薄，以及大水小水時之淺深，均須詳志。(二) 測繪河圖。(三) 分段派人查勘水性，較量水力，記載水志，考求沙數，並隨時查驗水力若干，停沙若干。凡水性、沙性，偶有疑義，必須詳為記出，非此無以知河水之性，無以定應辦之工，無以導河之流，無以容水之漲，無以防患之生也。

---

[088] 同上。

論到當時山東的河身，他說水少時約寬九十至一百五十丈。河底則深淺不一，因之河身亦俯仰不一，故流水速率，處處不同。且下游之地極平，每里高低不逾五寸，河流甚緩，容水之地日隘，淤澱日高，堤外之地，或較堤內之灘低至七八尺。總之，不知過水之數，斷難規定河面寬窄、堤岸遠近之數。

關於一般的辦法，他分別指出堤陂要種草，草根最能護堤。要種柳、種藤，柳根最能固堤，用柳條、籐條以編埽，堅固遠勝於稭料，且可就近取材。土堤築造堅實，護以柳樹、草片，亦足以御尋常水力，不必盡用石堤。防異常盛漲，則須講求減水壩，壩後所挑之河，或已有之河，應築堅堤約束，亦須寬深，不甚彎曲，且低於黃河，其河身實有容水之地，方能合用。小清河僅足自容，再將黃河灌入，恐淹及濟南，還以徒駭為宜。至於黃河上游，應否建設閘壩以攔沙，擇大湖以減水，山嶺應如何栽種草木以減水勢，在在均常考求。[089]

此外，盧法爾更提到增卑培薄、展寬堤距、改正海口幾個問題，這些都是中國治河人員所已見到或且實行過的，所差的只是施行時能否切實及適合而已。

---

[089] 《再續金鑑》一三九。

五、清人治河的技術

(1) 挑水壩

包世臣說：「或曰：子言防河之不足為治，信矣，請問治要。答曰：深其槽以遂河性而已，請問治方。答曰：相勢設壩以作溜勢而已。……故能言治者必導溜而激之，激溜在設壩，是之謂以壩治溜，以溜治槽。」[090]又說：「宜測水線，得底溜所直之處，鑲做挑水小壩，挑動溜頭，使趨中泓，而於溜頭下趨之對岸，復行挑回，漸次挑逼，則河槽節次歸泓，而兩岸險工可以漸減。」[091]這種壩創於何時呢？包氏認為「挑水壩，潘氏所創，止用於塞決。……近世善用壩者推嵇文敏公，世稱白堤、嵇壩，不及百年而故老無能指其基、言其法者。」[092]

包氏推原挑水壩於潘季馴，據我看來，他並沒有細考。漢賈讓說：「河從河內北至黎陽為石堤，激使東抵東郡平剛，又為石堤使西北抵黎陽觀下，又為石堤使東北抵東郡津北，又為石堤使西北抵魏郡昭陽，又為石堤激使東北，百餘里間，再西三

---

[090]　《經世文編》一〇二，《說壩》。《科學》李協的文引作嵇曾筠的話（九〇二—九〇三頁），是弄錯的。

[091]　《經世文編》一〇二，對壩逼溜說。

[092]　同前引《說壩》，嵇即曾筠。

東，迫阸如此，不得安息。」[093] 漢人雖稱它作「堤」，可是古代名稱簡單，[094] 它既有激水的作用，保不住就是西漢時代的挑水石壩。其次，明袁黃稱：「淮河入海之處，平曠無山，而海沙逆上，尤易壅塞。陳平江（瑄）就山陽之滿浦坊（在淮安府城西北四里）累石為山，蜿蜒千尺，即古鋸牙遺制（鋸牙見《宋史》），水得翻騰踴躍以入海，俗謂之磯觜，取相激而名，今皆沒於土中。」胡渭對袁說加以補充，他稱：「袁氏以為陳平江所創，或云，天順間遣都水郎中督工於滿蒲坊，作石鋸牙，未知孰是。磯觜為治河要策，萬曆初漫入水中，微露形跡，今清江浦尚有之。」[095] 是挑水壩的創始，最低限度，也可推至宋或宋以前。

說到清代，靳輔著的《治河工程》有逼水壩的名稱，是用以「回其溜而注之對岸」[096]。張鵬翮又稱：「凡黃河迎溜之處，宜建築挑水壩，又名順水，又名磯嘴，又名馬頭，其功最大，如清河縣境內之運口，每為黃水急溜直逼下家汪，關攔清水，不得暢出，以致運口淤墊。……於運口迤西築挑水壩一座，將黃水挑逼北徙，清水得以暢出，陶家莊引河得以成功。」[097] 是曾筠之前，靳、張兩人都曾應用過挑水壩來治河。又百齡稱：

---

[093] 《漢書》二九〈溝洫志〉。

[094] 近世英文字典尚譯英文之 dike 為「堤」。

[095] 均《錐指》四〇下。

[096] 《經世文編》一〇一。

[097] 同上一〇三。

「後齊蘇勒等俱各奉行。……此壩亦名順水，其建壩之法，須順溜占廂，不可逆流橫築，壩頭須作圓式，不可使有方稜。蓋順則不致激怒，易於防守，圓則轉水下行，不虞撞掣。兩岸上下遙置，河流逼在中間，洵足收束水攻沙之效。詢在工日久之河兵及長年三老，皆稱數十年前各廳常用此法，俗名當家壩。……康基田前在徐州防汛，嘗用此法，當時一年之中，黃河刷深丈餘。」[098] 齊蘇勒是與曾筠同時，基田是乾、嘉間治河人員，那麼，曾筠同時及曾筠之後，也有人應用挑水壩的，世臣所言，總多不實不盡。

挑水壩的好處，近代也有人論及，如光緒十五年，河督吳大澂疏稱：「築堤無善策，鑲埽非久計，要在建壩以挑溜，逼溜以攻沙，溜入中洪，河不堤則堤身自固，河患自輕。……咸豐初，滎澤尚有磚石壩二十餘道，堤外皆灘，河溜離堤甚遠。」[099] 又如李協說：「黃河挾沙之盛，淤墊之速，決非浚渫所可及。唯以溜攻沙為最良之法。作溜之法，唯有築壩。所謂壩者，即英文所謂 dyke，德文所謂 Buhuen 及 parallewerk 等是也」[100]，唯是「河流善徙，數年中必一變，伏秋之時，則一日中且數變」[101]。溜勢既變，原來的壩有無發生不良的影響？如

[098]　同上九九。

[099]　《清史稿．河渠志》一。

[100]　同前引《科學》九〇三頁。

[101]　《再續金鑑》一五七引劉成忠《河防芻議》。

要保持其不變，似非隨時運用嚴密的科學方法來管理不可。

挑水壩也非絕對無害的，光緒八年，河督梅啟照疏稱：「若河面本狹，南北岸各廳皆挑壩以逼大溜，當其挑成之時，非不立見速效，化險為平。然南岸挑之則逼溜使北，北岸挑之復逼溜使南，日積月累，河愈逼而愈窄，溜愈激而愈怒，本以求順軌之方，而反增潰堤之患。」[102] 跟賈讓的話相同。至作壩之法，應用樹枝或石塊，盧法爾以為應隨時斟酌情形辦理，唯稭料不能經久，且無勁力，則不可用。[103]

(2) 木龍

始於宋之陳堯佐，鑿橫木，下垂木數條，置水旁以護岸，比埽較為便利。乾隆四年，高斌曾於清口設木龍以挑溜，然能挑順溜而不能當急溜。[104]

(3) 埽和埽料

漢武帝塞瓠子，命從臣將軍以下皆負薪，薪少，乃下淇園之竹以為楗，那就是我們所知道的最古的捲埽。[105] 但「埽」的

---

[102] 《經世文續編》九〇。
[103] 《歷代治黃史》五。
[104] 《續金鑑》一〇。
[105] 同上一一白鐘山奏。

名稱，到宋才見於記載。[106]潘季馴和靳輔治河時，遇險要地方，都靠埽來守禦，沒有提出埽可引溜生工的話。埽之製造，據《治河方略》說，「必柳七而草三……柳多則重而入底，然無草則又疏而漏」;又「柳遇水則生，草入水而腐」。乾隆十九年，尹繼善奏稱：「柳入水經一二十年不腐，稭（高粱）至一二年後朽壞無存，柴不如柳，然優勝於稭。」所以明代埽皆用柳，柳少則用葦代替，沒有用稭的。到康熙二十年民柳漸少，始提倡官種，二十六年以後河工所用，就大半靠官柳供給，不足時也以蘆葦代替。康熙四十九年，總河趙世顯疏猶稱：「河南堤上柳株寥寥，倘遇險工，憑何取用。」[107]雍正三年總河齊蘇勒也稱：「埽以柳為骨，柳多則工堅而帑省，若柳不敷用，勢必以葦代之，不唯工不堅固，且多費帑金。」[108]河工用秫稭，見於官文書的以雍正二年為始[109]（可是雍正以前，汴省河工很少用埽），同年，李衛又揭發從前兩岸柳地，被河官作為種田，收租分肥，[110]清朝於是再申官地種柳的命令，唯是積習難反，舊規終不能恢復，乾隆八年遂定南河銅、沛二廳專用秫稭之

[106]　《再續金鑑》七八。
[107]　《續金鑑》三。
[108]　同上六。
[109]　均同上五。
[110]　均同上五。

例。[111] 至道光時代，河工幾不復知掃本用柳，遂無三年不換之掃，糜費極大，變為利少害多之物。這是改古法用柳為用稭的經過。[112] 劉成忠（同治十三年河南候補道）《河防芻議》稱：「自來防險之法有四：一曰掃，二曰壩，三曰引河，四曰重堤。四者之中，重堤最費而效最大。引河之效，亞於重堤，然有不能成之時，又有甫成旋廢之患。……壩之費比重堤、引河為省，而其用則廣，以之挑溜則與引河同，以之護岸則與重堤同。……掃能御變於倉卒而費又省……然不能經久，又有引溜生工之大害……合數歲言，則費極奢矣。」[113] 早指出用掃的害處。據盧法爾的視察，險工地方用磨盤掃居多，以稭料覆土，層迭為之，形如磨盤，或緊貼於岸，或接連於堤，高低厚薄，各個不同，錯落參差，絕不相連，中仍走水，使之三面受敵。且料掃入水，削如壁立，不作斜坡，適足當衝，不能使水滑過。稭料中心質如燈草，最能吸水，易於腐爛，一經盛漲，必至漂累民埝，名為搶險，實是養疽。誠能多種藤、柳，數年後便可足用，毋須以鉅萬金錢，造此不經久之事。為今之計，掃工應先行改式，傍岸者使之聯成一片，作斜坡入水以導其流，並須多用木樁，牽連於岸，以堅固麻繩繫之。[114] 他的話跟劉成

[111] 同上一一。
[112] 以上大致參《再續金鑑》一五七劉成忠文。
[113] 同上。
[114] 同上一三九。

忠所論順掃改為丁掃及掃不釘長樁之流弊，[115]大致相同，而立說則更簡而易明。

(4) 石堤

康熙四十一年六月，以永定河南岸修築石堤，甚有裨益，飭檢視黃河南岸，自徐州以下至清口，可否修築。當時河督張鵬翮覆稱，自清口至徐州，南岸長六萬六千餘丈，約需銀一千二百八十萬兩，北岸除去山岡外，長五萬四千餘丈，約需一千萬兩，工巨費繁，告成難以預料。[116]這問題就此擱下不再提及。按西漢時已有石堤，見前引《漢書・溝洫志》，明萬曆二十年，舒應龍曾就宿遷的歸仁堤修石三千餘丈，鵬翮在河督任內，也續有增修，黃河岸修石堤，只是封建時代勞動及財力無法解決的問題，非是不可能的。

(5) 拋碎石或拋磚

掃前拋用碎石，明代也曾辦過。到康熙、乾隆年間，徐州護城石工以外，拋用碎石，收有成效。嘉慶初年以後，南河多事，柴稭不敷，黎世序於是大量應用碎石，行之有利無弊。[117]道光十二年四月諭稱：「東河碎石工程，起於道光二年

[115] 同上一五七。

[116] 《經世文編》一〇二，並參《康熙東華錄》一五。

[117] 據《再續金鑑》七八嚴烺《復桂良函》。

嚴煨試辦，僅拋兩段而止，自道光五年至十一年已拋碎石共用銀六十五萬餘兩。」[118] 十五年慄毓美督東河，以河南唯鞏縣、濟源產石，在某些工程把磚來代替，收效與石無異；因建議改用磚工，經過多回論辨及覆查，卒之沒有完全實行。[119] 現在石之外還有三合土，運石亦較前利便得多，石和磚的優劣比較，已不成問題。不過就那時的客觀情形來論，如果存石有限，一時緩不濟急，用磚來應變，或是在較和緩的工程中，用磚以節省用石，那也未嘗不是權宜的辦法。[120] 而且埽的稭料，易於朽腐，用不得其當，還足以引溜而生險，慄氏的觀察正合於科學。反對的又以為磚經冰凍而溶碎，然而磚的原料是泥，溶碎之後，變為土壩，仍然不失其用處，比之稭埽朽腐而漂流，那可同日並語。我們試細參蔣湘南、梅曾亮、蔣作錦幾家的撰文，[121] 和盧法爾的查復，[122] 大致可以弄個明白了。

(6) 放淤

施行的方法有點跟水戧相類（水戧法詳見《河防一覽》），但多用於無溜的地點，從上口灌入，從下口放出，每歲可淤高

[118] 《道光東華錄》二五。

[119] 《再續金鑑》七六一八一。

[120] 並參同上一二六，光緒十四年十月吳大澂奏。

[121] 同上一五三。

[122] 同上一三九。

三四尺。靳輔在他的《河工守成疏》內稱：「曾將邳州董家堂、桃源縣龍渦二處險工，擇掃臺上下，建設涵洞，引黃灌注，復於月堤亦建涵洞，使清水流出月堤之外，堤裡窪地，不久淤成平陸，不但堤根牢固，而每年取土亦易。」重點放在治河方面，從那時起，放淤法逐漸推行（如乾隆二十一年之石林，二十九年之夏家馬路，三十年之孫家集，三十一年之蔡家樓，三十三年之徐家莊，嘉慶二十一年之李家莊都是）[123]。劉成忠以為「若相度形勢，於有圈堰之地，內外皆設洞閘，俾堤前平漫之水，從閘洞放至平地，其水歸入賈魯河，所挾之淤，必留於經過之處。諺云，緊沙漫淤，凡漫水未有挾沙而行者，沙壓之地，皆昔年之急溜也。如是行之，數年之後，斥鹵變為膏腴，歲增民食、官租，以鉅萬計，真無窮之大利。」[124] 則重點放在生產方面。

(7) 谷坊等

乾隆八年有御史名叫胡定，曾上《河防事宜十條》，全文未見，但從白鐘山奏所略引，[125] 其中一兩條頗有見地，如稱，「黃河之沙，多出自三門以上及山西中條山一帶破澗中，請令

[123] 並參《續金鑑》一〇，乾隆四年鄂爾泰奏黃河事宜。
[124] 《再續金鑑》一五七。
[125] 《續金鑑》一一。

地方官於澗口築壩堰，水發，沙滯澗中，漸為平壤，可種秋麥」。那就是現代所謂谷坊、攔壩之類。又稱：「武陟地方向有十八里空餘之地，足容黃河汗漫之水，自挑沁敵黃以致河身逼窄……請亟改正。」那是緩衝黃沁交鬥的辦法，可惜當日都被白氏駁下。

(8) 稀柳

《管子．度地》篇說：「地高則溝之，下則堤之，命之曰金城，樹以荊棘。」又說：「令甲士作堤，大水之旁，大其下，小其上，隨水而行，地有不生草者必為之囊，大者為之堤，小者為之防，夾水四道，禾稼不傷，歲埤增之，樹以荊棘，以固其地，雜之以柏楊。」那是上古種樹固堤的記載。關於宋人的辦法，已見前第十節。之後，金劉璣稱：「河堤種柳，可省每歲堤防之費。」[126] 高霖請「並河堤廣樹榆柳，數年後堤岸既固，埽材亦便，民力漸省」。[127] 明代則陳瑄首倡沿河種柳。[128] 弘治初，白昂「修汴堤，令高廣如一，上樹萬柳，使不崩頹。」[129] 嘉靖初，陶諧「為河南副使，管理河道，立法沿河植柳固

[126] 《金史》九七《劉璣傳》。
[127] 同上一〇四《高霖傳》。
[128] 《絕世文編》一〇一。
[129] 《金鑑》二〇引吳寬撰《白昂傳》。

堤」。[130] 清初，對於這件事也相當注重。順治時，河督楊方興請責成印官，於河干按汛栽柳，分別勸懲。[131] 康熙十五年，定出勸栽議敘之法，舉行不過三數年；[132] 二十三年，靳輔勸令河官種柳。[133] 雍正三年，齊蘇勒定文武官栽柳八千至三萬二千株的分別紀錄。[134] 乾隆三年，白鐘山奏改為「沿河文武捐柳五千株至二萬株者分別議敘，殷實之民種柳二萬株者給與頂戴」。然行之日久，新舊淆混，遂多冒濫；十九年，尹繼善因請停官民捐栽。[135] 嘉慶六年，吳璥也奏稱派民種柳，有損無益。璥又以為種柳不宜太近堤，其理由是：「近河之堤，其上多沙，樹根貫穿入土，年久根空，易生罅隙，往往水浸堤根，輒致滲漏，千金之堤，潰於蟻穴，不可不慎。是以栽柳之法，俱應於沿堤五丈內外種植，不使逼近堤根，此黃河大堤非可借柳保固之情形也。」[136] 他的見解又與一般的不相同。光緒中，張曜令山東黃河兩岸一律種柳，至今繁密，人呼為張公柳。[137]

---

[130] 同上二二引呂本撰《陶諧墓誌》。
[131] 同上四六。
[132] 《續金鑑》六雍正三年《齊蘇勒奏》。
[133] 《經世文編》一〇一。
[134] 《續金鑑》六。
[135] 同上一三。
[136] 《經世文編》一〇三。
[137] 《歷代治黃史》五。

(9) 塞串溝

乾隆元年，白鐘山請堵塞豫東黃河兩岸支河，以為豫東黃河沙灘土松，一遇汛水漲發，漫灘而上，刷成支河，引溜注射大堤，堤工漫決，多由於此。[138] 慄毓美稱，「治河者稱暗險難防。暗險者即堤前之暗溝隱患」，又稱，「歷來失事皆在無工處所」。[139]「串溝者在堤河間，其始但斷港積水而已，久之，溝首受河，又久之，滿尾入河而串溝遂成支河，於是以遠隔十餘里之河，變為近堤之河。」[140] 串溝也呼作串灘，同治十三年丁寶楨稱，銅瓦廂下注之水，經祥符、蘭儀、長垣等縣，尚少旁溢，唯南岸至東明何店以下，有串灘支流數道，故本年夏秋漫水，仍至東明城東北二三十里。北岸在開、東分轄之茅茨莊以下，有串灘支流八九道，迤下匯成支河二道，下注濮、範，本年秋後支河普漫，直至金堤之南，水面寬至數十里。直隸南岸，宜自何店築堤，屬於菏澤，南岸始固，北岸宜自茅茨莊築堤，屬於濮州，北岸始固。[141]

---

[138] 《續金鑑》一〇。

[139] 《再續金鑑》七九。

[140] 同上七六引《慄恭勤公年譜》。

[141] 《歷代治黃史》五。

(10) 浚船、混江龍等

康熙二十六年設浚船，二十九年裁撤。雍正六年，議近海諸河設犁船、混江龍以疏積沙。乾隆八年，白鐘山奏復浚船、鐵掃箒。又嘉慶九年試造揚泥車，均以兵夫奉行不力而停止。[142] 混江龍是排列鐵齒，長至尺許，墜以大石，始達河底，當乾隆初期，各人對此種工具，意見不一，白鐘山以為施用頗有明效，劉統勳以為無益。乾隆二十一年，陳世倌曾提出改造的方法：「鑄鐵軸一具，約長六尺，上鑄鐵齒，長三寸而銳其角，凡三齒，共列五周，兩端貫以鐵鎖，務使直沉至底，用船一隻、夫四名，首橫木梁，將鐵鎖分繫木梁之上，用夫牽挽而行，沿路滚翻。」[143]

(11) 水報和水志等

飛報水汛法，明代已漸有條理（見前十三節下）。關於測候水漲的情形，焦竑《治河總論》也說：「歲當夏秋，信水既漲，而忽有非時之客水乘之，則其潰也必，故平準之候人宜議選也。」[144] 清康熙四十八年十一月，曾令飭河督知會川陝總督及甘肅巡撫，遇黃河水大漲時，即星速報知總河，預為修防。[145]

---

[142] 《續金鑑略例》及卷七。
[143] 同上一三。
[144] 《圖書整合・山川典》二二三。
[145] 《康熙東華錄》一七。

因為寧夏以上，也非無暴漲的時候，例如「乾隆二十六年七月沁、洛等河漲潮一二丈，水頭甫至，寧夏又三次報漲潮丈餘，同時並下」。[146] 其後，乾隆三十年，南河總督李宏又規定於陝州、[147] 鞏縣及沁河地方，分立水志；每年自桃汛日起至霜降日止，按日查明長落尺寸，據實具報。如伏秋汛內各處水勢，遇雨旋漲至二三尺以外，即由地方官迅速報告。[148]

明劉天和用平準以測高下，說見前十三節下。靳輔曾稱：「相得皂河迤東二十餘里張家莊，其地形卑於皂河口二尺餘，而黃河上下水勢，大抵每里高低一寸，自皂河至張家莊二十餘里，黃水更低二尺餘。」[149] 那是清初對於黃河坡降比很粗陋的猜測，即是說，張家莊附近之坡降比約為〇．〇〇〇〇五六，比之現行黃河所測壽張十里鋪以下之坡降比〇．〇〇一一〇，[150] 小了一半，但張家莊在江蘇近海的平原，坡降比特別小，也是意中之事。雍正三年七月，遣測算官員攜儀閱河，[151] 大約就是平準器吧。

[146] 《經世文編》九九李宏疏。
[147] 由三門達陝州萬錦灘計六十里，灘在州北門外（《再續金鑑》八七）。
[148] 《經世文編》九九李宏疏。
[149] 同上九八。
[150] 《治河論叢》一一七頁。
[151] 《淮系年表》一一。

(12) 測繪河圖

光緒八年，東河梅啟照飭員測繪河圖。[152] 十五年正月，河督吳大澂等調測繪生測量自閿鄉至利津之河道，十六年三月圖成。[153]

(13) 捕獾

乾隆五年，豫省奏稱，野獾性狡善走，宵行晝伏，一窟藏身，一窟貯食，其洞伏於堤根，一遇水到，即成大患。唯伺其遊行尾追，先驅獰犬逐鬥，隨用鐵叉擒獲，擬每汛設捕獾兵二名，專司捕獾。[154]

(14) 其他

光緒十四年，鄭工始用鐵軌運土，後來推行於山東。同時，又設電燈助工，石壩灌縫用塞門德土（即三合土）[155]。三十年，山東省設全河電線。[156]

---

[152] 《經世文續編》九〇。
[153] 《再續金鑑》一二七一一二八。
[154] 《續金鑑》一一。
[155] 《淮系年表》一四。
[156] 《歷代治黃史》五。

六、清代治河的行政

康熙四十四年三月，詔直隸、山東河道一應工程事務，與總河相距甚遠，應照河南例各交與該省巡撫就近料理，[157]這是南河、東河分治的濫觴。雍正七年二月諭稱：「治河之道，必合全河形勢，通行籌劃，方可疏導安瀾。若分令兩員管理，恐有推諉掣肘之處。」（引見第十四節上注 68）本已洞見這件事的利弊，但是年三月終於實行兩河分治，清代河防無整個計畫，此是其重要原因之一。

河工各段的劃界，清初河督下，在江南沿河的，分為徐屬、邳睢、宿虹、桃源、外河（即近海口那一段）、山安等廳。沿運河的分為里河、高堰、山盱、揚河、江防、安清中河、宿桃中河等廳。[158]河南開封府轄下的，南岸屬南河同知，北岸屬北河同知；歸德府南岸屬歸德府管河通判，北岸是曹、單兩縣界，屬兗州府黃河同知。[159]

河工一項，弊竇最多。順治十六年，總河朱之錫因此曾有過剴切的條陳，他條上工程、器具、佚役、物料的八弊。又言：「因材器使，用人所亟，獨治河之事，非澹泊無以耐風雨

[157] 《康熙東華錄》一六。

[158] 《金鑑》五四引《河防志》。

[159] 同上五六引《河防志》。

之勞，非精細無以察防護之理，非慈斷兼行無以盡群夫之力，非勇往直前無以應倉猝之機，故非預選河員不可。因陳預選之法二：曰薦用，曰儲才。諳習之法二：曰久任，曰交代。」[160]那些話都是講究河防所應參考的。

明代初期運河裡面，設立三十三淺，淺有淺夫，使之不時撈浚。[161]清代定製，「沿河州縣俱設有淺夫，原為挑河而設，如夏鎮額夫一千二百五十四名，徐州額夫三千五百一十六名，邳州額夫八百三十五名」[162]，少的河夫或百名至數十名不等。[163]靳輔治河時，以由碭山下至海口一帶，縷、遙、月、格等堤統共四十五萬四千丈，而河兵止七千二百名，每兵除常役之外，當歲修六十餘丈，應付不來，提議令每兵許其招募幫丁四名，各給以堤內[164]空地，使他們耕種自食，免納徵糧，唯課

[160] 《清史稿．河渠志》一。

[161] 《經世文編》九八靳輔《治河餘論》。

[162] 同上一〇二。

[163] 《雍正東華錄》一元年七月下。

[164] 堤內、堤外的解釋，著名學者如李協也曾弄錯，他說，「靠河一邊曰堤外」（《科學》七卷九期九一四頁）。今且引《清史稿．河渠志》一為例。光緒二十五年，李鴻章奏：「擬遷出埝外二十餘村，棄埝守堤，離水稍遠，防守易固。」埝比堤更近河床，棄埝不守，須把埝外的民村遷出，可見「埝外」係指埝與堤中間的地方，即埝不靠河那一邊。奏又說：「自長清至利津四百六十里，埝外、堤外數百村莊……埝外地如釜底……且埝破堤必破，欲保埝外數百村，並堤外數千村同一被災，尤覺非計」；更見得「埝外」即是「堤內」，而「堤外」有數千村，是「堤外」即堤不靠河那一邊。我最初讀「內」、「外」字，也跟李氏一樣的誤會，但文不可通，取別的治河書說來比勘，才曉得「內」、「外」是以河身為主體而立言，不是以民居為主體，故無論堤或埝，凡靠河一邊謂之「內」，不靠河

以加高堤土五寸。[165]但這樣做法，也有人反對，如乾隆四十六年，胡季堂奏稱，黃河南、北兩堤，相距二三十里及數十里不等，近日堤內[166]村莊甚多，並耕種麥苗，有礙河身，應飭令依居堤外；有詔依議切禁。[167]

光緒十七年六月張曜奏稱，山東河防，舊令民間派夫助守，經年在堤，幾廢農事。嗣改為二月後添僱短夫，發給口糧，至霜清始分別裁減，所費亦不支。因改令近河村莊擇用首事莊長，僱定民夫，編造名冊，無事各居本莊，遇有附近出險，立赴河干，幫同運土搬料，按口發錢，工竣遣令回家，既有益河防，亦無妨農事，民間極為樂從。[168]這是關於守堤徵用民夫的辦法。

辦理河工，主要須依靠人民集體的力量，清人也有所闡明，如慄毓美稱：「河營武官多是防汛兵丁出身，兵丁等久歷河干，歷年河勢如何遷徙，並各河臣道廳辦理之善與不善，皆所目擊，為河臣者但肯逐處虛心諮訪，匯全域性於胸中，再參以近日情勢，斟酌辦理，以身先之，自可集思廣益，不至遺誤

一邊謂之「外」，舊日治河舊說都是這樣的用法。

[165] 同前引《治河餘論》。

[166] 參前注164。

[167] 《乾隆東華錄》三六。

[168] 《光緒東華錄》一〇四。二十五年李鴻章奏稱，山東防汛兵夫額設四千餘人，分防南北兩岸一千四百餘里，僅合每里三人，平時巡水查漏，已去其半（《歷代治黃史》五）。

公事。」[169] 又如吳大澂《鄭工合龍碑記銘》擘首便說，「兵伕力作勞苦久」，末句又說，「臣何力之有」。[170] 不管他實行至怎樣程度，然而懂得人民力量的重要，不自驕傲，總是我們所應該效法的。

七、清代河工的浪費

清代用於河工的正常支出，大約乾隆以前，「江南河庫供搶修名日部撥協濟者，約銀四十七萬六千餘兩，供俸薪、兵餉名日外解河銀柴價者，約銀二十二萬六千六百餘兩，二共七十萬二千六百餘兩，皆江南每年常額。河東河庫及興舉大工之費俱在外。」[171] 迨嘉慶十一年加價兩倍，歲修、搶修二項每年用銀至一百四十餘萬兩。[172] 例如嘉慶二十三年工部奏：十一年未加價前，南河歲修額定用銀五十萬兩，加價後每年幾及一百五十萬。又十一年另案挑培各工用四百六十餘萬，十三年五百九十餘萬，十五年，十七年均五百六十餘萬，其餘最少的年分亦三百六七十萬。查乾隆末至嘉慶八、九年止，除嘉慶十年用至四百六十餘萬外，其餘最多的約三百二十萬，最少的只

[169] 《再續金鑑》七六引《懔恭勤公年譜》。
[170] 同上一五九。
[171] 《經世文編》九七。
[172] 同上一〇三。

七八十萬。總計自乾隆五十九年至嘉慶十年，除南河大工等約三百八十萬外，另案挑培各工，用約二千七百萬，十一年至二十一年止，除去大工約一千二百五十萬外，另案各工用至四千九百萬。[173] 到道光時代，還繼續增加，八年十月曾諭稱：「近年例撥歲修、搶修銀兩外，復有另案工程名目，自道光元年以來，每年約共需銀五六百萬兩。昨南河請撥修堤、建壩等項工需一百二十九萬，又是另案外所添之另案。而前此高堰石工以及黃河挑工，耗費又不下一千餘萬之多。」[174] 十五年三月又諭稱：「東河自道光元年至十年，每年動用正項錢糧多至（在？）一百萬兩以內，其用至百萬以外者不過三四年，唯十一年搶辦險工用銀一百十四萬，今吳邦慶任內十二年、十三年、十四年俱用至一百十萬兩以外。」[175] 獨咸豐改道以後，特別縮小，計清末山東一省的黃河修守經費，連俸薪、餉項在內，每年只額定銀六十萬元，[176] 那因為當日軍費占第一位，疆吏不敢隨便請款的緣故。

說到大工用費，可無一定，這要看工程的大小、難易，時間的久暫，與及督辦人員之廉潔程度、能否考核開支而互有不同。清廷所用的河防經費，我敢說是超過任何以前一代的，是

[173] 《續金鑑》四二。

[174] 《道光東華錄》一八。

[175] 同上三一。

[176] 《治河論叢》二三二頁。

比較不惜工本的。他們多少懂得點民為邦本的道理，他們尤注意保持所能剝削到的人民血汗的數量，但他們卻不關懷人民的生活安定；他們不敢不或必要這樣做，完全是隱藏著一般所傳「石人一隻眼，挑動黃河天下反」的害怕。貪官汙吏鑽著這個空子，遂有恃而無恐，視河工如利藪，實支跟報銷的相較，比之「天一半地一半」的俗語，還有過之而無不及。貪汙的事蹟，這裡不必詳列，只消略讀包世臣所寫的《郭君傳》，也就夠了。

除此之外，更有外省的攤徵幫價，例如嘉慶三年的曹工，共用例幫價銀七百十九萬餘兩，內銷例價銀占二百五十六萬餘兩，攤徵幫價銀占四百六十三萬餘兩；[177]「內銷」即由政府作正開支的。因有這樣複雜關係，所以用項多少，記載往往差異，即如乾隆四十八年青龍岡工，舊稱用帑一千一百九十餘萬兩，而同治十二年李鴻章疏卻作二千餘萬。[178]又嘉慶九年，封丘工用帑九百六十餘萬兩，[179]但據二十四年十月吳璥等奏，則稱例來幫價銀用至五百四十餘萬兩，連大壩、挑壩等工，共用銀一千餘萬兩。[180]那些不同的數目，都很難清算出來。據魏源《籌河篇》說，乾隆以前例價不敷的要攤徵歸款，青龍岡之決，

[177] 《續金鑑》二八引《豫東事宜冊》。
[178] 《清史稿．河渠志》一。
[179] 《續金鑑》四五。
[180] 同上四三。

經三年才堵塞，除動帑千餘萬外，尚有夫料加價銀千一百萬，當時免予徵收，自後攤徵成為空名。[181]

八、道光二十三年大水的官方文報

從方誌記載，民間傳說和一九五二年十月經過洪水痕跡的實地調查，張昌齡、陳本善兩家推定道光二十三年（一八四三年）為近代最大的洪水。他們的書本根據大致是：

……禹廟高於三門一丈有餘，居民僉稱向年盛漲，三門出水尚有丈許，本年七月十四日河水陡發，直漫三門山頂而過，禹廟亦被沖刷。由三門達陝州萬錦灘六十里，灘在陝州北門外，陝州城高河灘十餘丈，灘距水面二丈餘。……陝州萬錦灘居三門山上游，每歲清明始立志樁，霜降即撤。黃河水報必於此者，以下有三門阻扼，水去不能迅疾，極馬之力，可以行於水前，一是全河咽喉不在萬錦灘而在三門山，若三門山則因天之設險以蓄河勢。（《豫河志》引道光二十三鄒堯廷報告）

道光二十三年七月黃河暴發，溢過廟南，棟宇將頹，金像被損。（《東河清大王廟道光三十年碑》）

七月十四日河水暴漲，溢五里餘，太陽渡居民半溺河中，沿河地畝盡為沙蓋，河干廬舍塌毀無算。（《平陸縣誌》）

[181] 《再續金鑑》一五四。

民間傳說則有：

道光二十三，黃河漲上天，沖了太陽渡，捎了萬錦灘。（平陸太陽渡民謠）

道光二十三，水淹金家灣，沖走了萬錦灘。（陝州南岸金家灣民謠）

此外靈寶、八里衚衕、狂口等處，尚有很多相類的民謠。水跡發見也不少，透過分析和推算，張、陳兩家假定是年陝縣洪水流量為三六，〇〇〇秒公方，比之向稱最大洪水的一九三三年大了近乎一倍。如以陝州水位比，則高了十公尺之多。這樣大的洪水如果到來，結果是很難想像，在將來工程設計上，對於洪水的估量須要十分慎重。[182]他們有著種種根據，當然是可靠的事實，現在試把當年官方報告的情形，輯錄在一起，看看有無可供研究之處：

七月初一日壬寅（這是發出奏報的日子），東河總督慧成奏：「據陝州呈報，萬錦灘黃河於六月二十一日巳時漲潮五尺五寸，黃沁廳呈報武陟沁河於初八、初九並初十日巳、申、亥三時及二十日寅、午、亥三時，二十一日午、酉兩時十次，[183]共漲潮一丈五尺三寸。……偏值二十六日大雨一晝夜，二十七

---

[182] 《新黃河》五三年四月號四四－四八頁。

[183] 合計只是九次，不是十次。

日黎明……（中牟）九堡堤身頓時過水，全溜奪入南趨，口門當即塌寬一百餘丈。」（《再續金鑑》八五。按是存六月小建）同日汴撫鄂順安奏略同，唯稱「由東南下趨」（同上），小異。

初九日庚戌（奏發的日子），慧成奏：「中河口門因土性沙松……是以刷寬二百餘丈。……至溜勢現由東南下注，其經過州縣並由安徽省何處為宿於洪澤湖，撫臣已委員確查。……再據報萬錦灘黃河於六月二十八日漲潮三尺五寸，武陟沁河於六日（月）二十五、六並七月初二、初三、初五等日六次共漲潮一丈二尺八寸。」（同上）

十八日己未（奏發的日子），慧成奏：「據甘肅寧夏府呈報，硤口黃河於七月初八至初十日共漲潮七尺四寸，入硤口志樁七字四刻跡。陝州呈報，萬錦灘黃河於七月初三、初五、初七、十三等日共漲潮十二丈二尺四寸。[184]黃沁廳呈報武陟沁河於初七、十一、十三等日四次共漲潮六尺一寸。鞏縣呈報，洛河於初二日漲潮二尺六寸」」。（同上）

同日上逾南河總督潘錫恩奏，「黃河現已斷流」。（同上）

二十日辛酉（奏發的日子），欽差戶尚敬徵等奏：「於七月十五日行抵東河北岸之廟工，次日西行，擬由祥符之十三堡迤下斷流之河，陸行而南，不料夜間漲潮，漾入正河，水深竟不能渡，遂即折回。十七日復由廟工東行，自蘭儀口渡河，始達

[184] 比觀下文，只是二丈三尺四寸，刊本作「十二丈」是嚴重的錯誤。

南岸。……現查口門寬三百六十餘丈，中泓水深二丈八九尺不等。……自十七日寅刻以後，口門陸續落水丈餘。……口門外溜勢八分，由中牟以東，祥符以西，趨朱仙鎮東南行走。因七月十六日口門漲潮，間有漫過護城堤頂，溜勢二分。……漫口以後，水由中牟、祥符、通許，太康、扶溝各等縣行走。」（同上）

同日諭，據皖撫程楙採奏：「中牟漫口黃水下注，現在皖省之淝河；水勢陡長六尺。」（同上）

二十六日丁卯（奏發的日子），慧成奏：「緣萬錦灘黃河於七月十三日巳時報長水七尺五寸後，續據陝州呈報，十四日辰時至十五日寅刻，復長水一丈三尺三寸，前水尚未見消，後水踵至，計一日十時之間，漲潮至二丈八寸之多，浪若排山，歷考成案，未有漲潮如此猛驟。」（同上）

閏七月初一日辛未（奏發的日子），敬徵等奏：「河水經過州縣，續據撫臣鄂順安諮稱，中河漫口大溜，系由中牟縣之東北向東南直趨，歷祥符縣所屬之朱仙鎮及通許、扶溝、太康等縣，下達安徽出境。漫水泛至陽武、尉氏、陳留、杞縣、西華、淮陽等縣，內陳留現被水圍，最為災重。……唯查此次河水漫口，自十九日以後，溜勢日漸平緩，而前此（按即指十七日）又陡落丈餘。」（同上。按鄂順安黃水經過地方的奏報，早於六月二十七日到京）

十一日辛巳（奏發的日子），敬徵等奏：「茲據閿鄉、陝州、新安、澠池、武陟、鄭州、滎澤等州縣稟報，各該地方於七月十四等日，沿河民房田禾，均被衝損等語，是上游濱河州縣均有湍激分流之水，以致口門水勢陡落。」（同上）

九月初一日庚午（奏發的日子），程楙採奏，中牟決堤黃水漫入皖境支河，匯注於淮，併入洪澤湖，鳳陽一帶水勢旋長旋消，臨淮驛路仍係一片汪洋，水面寬六十餘里，非舟不渡。泗州五河等州縣於閏七月上旬及十三、十四等日大雨如注，加以黃淮匯注，平地積水數尺。太和縣自七月二十三日以後，水勢漸消，閏七月十五日黃水復漲，計續長水二尺有餘。（同上八六）

初五日甲戌（奏發的日子），潘錫恩奏，據委員回報，「閏七月二十二日，行抵豫省中河廳，探量口門中泓水深一丈五尺，溜分兩股；由賈魯河經開封府之中牟、尉氏，陳州府之扶溝、西華等縣，入大沙河；東匯淮河，為洪澤湖，此正溜也。由惠濟河經開封府之祥符、通許，陳州府之太康，為德府之鹿邑，潁州府之亳州，入渦河，南匯淮河，為洪澤湖，此旁溜也；旁溜自祥符境之泰山廟，東經開封城西南，又東至陳留，杞縣，南入惠濟河尾歸渦河，此旁溜之分支也。正溜旁溜，分股遠繞，其中兩溜旁匯交通，則陳州府之淮寧縣、潁州府之太和縣為四面受水之區。正溜單行，徑沙河入淮，水道寬闊，故溜勢湍湧，奪全黃之七。旁溜由鹿邑南經白溝、清水、茗、茨、霍、淝諸河入淮，叢支曲港，溜勢停回，故僅奪全黃之二三。正溜、旁溜之分流，自祥符朱仙鎮始；正溜至沙河八里堆入淮，旁溜自淝河峽石口及渦河荊山口入淮為合流；淮河經壽州之峽石山，懷遠之荊山、塗山，盱眙之浮山、巉石山，溜勢至此，騰束而下，至盱眙山北為入湖之口，過龜山、老子山，浩無涯岸，入湖之腹，此漫水之歸宿也。總計漫水經過豫、皖各境，共受水最重者，豫省之中牟、祥符、尉氏、通許、陳留、淮寧、扶溝、西華、太康，皖省之太和；其次重者，豫省之杞縣、鹿邑，皖省之阜陽、潁上、鳳臺；其較輕者，豫省之沈丘，皖省之霍丘、亳州；其波及旋涸、勘不成災者，豫省之鄭州、商水、項城，皖省之蒙城、鳳陽、壽州、靈壁；其本受淮水侵占，黃水因以波及者，懷遠、五河、盱眙；此漫水經過各州縣之情形也」。（同上）

根據上述的文獻加以分析，我們最想了解的是六月二十七日中牟潰決的後果和七月十四日洪水高峰的後果，能不能夠區別出來。又陝縣萬錦灘七月中旬所報漲潮數目可不可以跟一九三三年的數目作出比較。據官方報導，萬錦灘七月十三日巳時長水七尺五寸，十四日辰時至十五日寅時復漲一丈三尺三寸，共長水二丈八寸。[185] 唯是在一九三三至一九四二年陝州的

[185]　前十八日慧成奏「七月初三、初五、初七、十三等日共長水二丈二尺四寸」，是

水基準點會有過變動，[186]要作出比較，那非透過實測和嚴密推算不可，這裡且撇開不談。

中牟之決，依照慧成七月初一和初九兩次奏報，是黃、沁同時並漲，沁水尤其漲得厲害，拿來跟乾隆二十六年七月沁、洛等河漲潮一二丈，結果決破中牟楊橋，經賈魯河分入渦、淝（見十四節上），有點相像。大抵沁水會黃之後，向東南斜射，故中牟首當其衝。

敬徵等七月二十日奏報已稱水由祥符、通許、太康（屬旁溜）、扶溝（屬正溜）各縣經行，足知這兩路的沖開，致正河斷流，斷然是六月二十七日決河的結果，不是七月十四日以後的事。唯旁溜的分支是否後來擴大，因無詳細材料，尚難決定。然則七月十四日的高洪峰對下流究有什麼影響呢？根據分析，可得到如下三點：（一）陝州以下洛陽以上沿河的澠池、新安等縣已受氾濫之害。（二）中牟之決，正河本已斷流，但到七月十夜洪水復漾入正流，至水深竟不能渡，則分水面積除正旁溜三支之外，一部分復以黃河正道為歸宿，共有四支。（三）依官方報告，陝州暴洪的時間似乎僅及兩天（十三日己至十五日寅），又由於氾濫面廣，故祥符附近之大水只支持約一天半（十五夜至十七寅），至此便陡落丈餘。一九三三年情勢所以不同，就

連初三、初五、初七等漲潮計入，故比這裡的「二丈八寸」多出一尺六寸。

[186] 同前引《新黃河》四五頁。

因為豫省境內河道尚寬，故未鬧出亂子，來至豫冀之交，河道一束，無所宣洩，無怪乎決口多至五十以上了。

本節的結論如下：

清代治河的方略，大致依然墨守明人的成規，沒有什麼進步。順治一朝及康熙初葉河務最壞，下游淤塞。十六年，用靳輔為河督，他靠著幕友陳潢的贊助，多築減水閘壩。同時在近海口處築堤，就當地河心來取土，無意中把疏濬、堤防兩事，統一起來。他也能分神注意到上游的山東、河南。由於他應付較為得宜，河事安定了二十多年，比之潘季馴總勝一籌。

然而這種效果，是不能維持很久的。何況 (1) 上下游是息息相關的，而南河跟東河分治，各不相顧，治河缺乏全盤的計畫。(2) 朝廷偏重南河，而東河方面，則得過且過。(3) 每歲加高堤頂五寸的規定，只作消極抵禦，無積極的預防。到雍、乾兩朝，河務已呈竭蹶之勢，弄成黃高於淮，清口淤塞。最可惜的，他們失了兩次好機會：(甲) 乾隆四十三年，河決祥符，漫水歸入賈魯河，不能趁勢在上游豫東籌宣洩之路，只憑一紙官書，便即擱置，沒有再作深入的考察。(乙) 嘉慶十八年，河決睢州，由渦入淮，清口暢流，沒有注意和利用，唯是守著逢決必塞的舊規。計那一百三十多年中 (自康熙六十年至咸豐四年)，決人賈魯、渦河的十回，沖出張秋的五回，在沒有良好對策的封建時代，改道總是遲早的事了。

咸豐五年（一八五五年）銅瓦廂未決以前，人們或憧憬著河能北徙，便比較安靖，而問題卻不是那麼簡單的。從改道至清末，五十七年間侵入淮河計兩次，中游沖漫或灌入蘇北計四次，這是我們應該注意、嚴防和妥善籌劃的。

第十四節（下）　清代的河防

第十五節
自辛亥革命至抗戰前

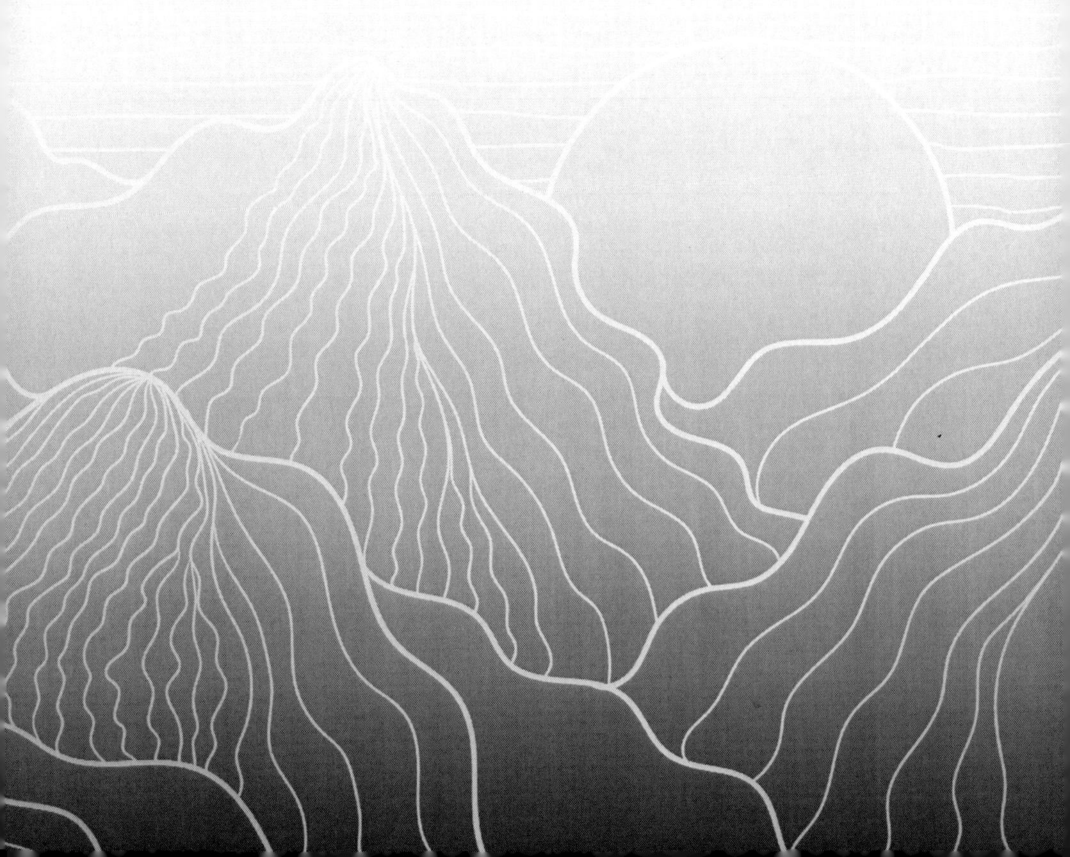

這一期雖然短短二十餘年，但黃河仍經過近代史中極劇烈而罕見之鉅變。抗戰期間黃泛區的情形，因以前所見多是反動派的宣傳，手頭上沒有確實的完整報導，故暫缺而不載。

一、河患表

一九一三年（民二年）[187]	七月，決濮陽北岸雙合嶺[188]循銅瓦廂決口之北股，過張秋，至陶城埠復歸大河，淹濮、範數縣。[189]	四年四月塞，用款四百萬元。[190]
一九一七年（民六年）	河口自老鴰嘴南徙於大洋鋪。[191]決長垣南岸範莊、小龐莊。	九月塞。[192]

[187] 《水道編》誤為民國元年（一一二頁）。

[188] 《水利史》說：「決處在東明縣治東北約二十里許。」（九七頁）《治河論叢》一六八頁附圖把雙合嶺繪在習城集之東，跟姚聯奎《記序》稱「習城集迤西」方向不符。繼檢《治黃史》的《山東河務局山東上游河道圖》，其雙合嶺的位置也與《治河論叢》一樣，又同書的《直隸河務局直隸黃河全圖》及《黃河志》的《濮陽決口形勢圖》，在習城集的西邊，都沒有記下雙合嶺，其異同的原因，尚待詳考。

[189] 參姚聯奎《濮陽河上記序》及《古今治河圖說》四八頁。姚序又說：「勝國咸豐乙卯，河決銅瓦廂，奔流至濮南界，同治三年，北徙抵金堤，六年，復南徙司馬、焦丘、習城一帶為正流。」按司馬、習城二集均見上引《論叢》附圖。

[190] 徐世光《濮陽河上記後序》。

[191] 《光緒會典圖說》稱，徒駭河流至沾化富國場，東北經大洋口入海（《再續金鑑》一四八）。

[192] 本年事均見《古今治河圖說》（五四頁）。

一九二一年（民十年）	決利津縣西約二十里之北岸宮家壩，口門寬至四百五十丈，淹利津、沾化、濱三縣。[193] 八月（？），決長垣南岸皇姑廟。	十二年五月塞。[194] 十月塞。[195]
一九二二年（民十一年）	七月，決濮陽廖橋。	九月塞。[196]
一九二三年（民十二年）	決長垣南岸郭莊。[197]	十月塞。
一九二四年（民十三年）	海口自大牡蠣分支，由混水汪出岔河口。[198]	
一九二五年（民十四年）	河徙虎灘，西北流，穿徒駭河舊道，又穿鉤盤河，下合大沙河，由滔二河漫至無棣縣境入海。[199]	

[193] 參《歷代治黃史》六及《水利史》九八頁。《治黃史》又說：「下游雖心灘一段河道原分南北兩股，自民國八年北股淤塞，大溜全走南河，直沖宮家迤上之河套李家，宮家已變平工。比及水勢過大，北河又復刷開，兩河交會，逼溜下移，直沖宮家，立成巨險。」

[194] 同上《治黃史》。

[195] 同上引《治河圖說》。

[196] 同上引《治黃史》。

[197] 同上引《治河圖說》。唯《治河論叢》二〇二頁，《水利史》九八頁均作十三年事，疑《治河圖說》誤。

[198] 《淮系年表・水道編》一一一頁。

[199] 同上。

一九二五年（民十四年）	七月，決濮縣李升屯，至壽張分為二股：一股北入正河；一股東經安山，穿運河入東平凹地，折而東北流入坡河，出東阿龐家口歸入正河。[200]	明年四月塞，用款六十七萬元。[201]
一九二六年（民十五年）	黃河自利津八里莊東沖一口，溜分七成，由鐵門關故道入海。[202]八月，決東明南岸劉莊，入鉅野縣趙王河，淹金鄉、嘉祥二縣，分南北二支：北小支穿運河達龐家口。南大支直灌濟寧、魚臺，由微山湖南注，徐、淮、海均被災。[203]	
一九二八年（民十七年）	二月，決利津棘子劉、王家院。	本年塞。[204]

[200] 《黃河年表》二五二頁。又《治黃史》六稱，九月二十日晚決開壽張黃花寺，依運堤東向，陽穀、東平、東阿、汶上數縣被淹，東省官吏乃掘開運河南岸堤五處，導水由土山窪經東阿之姜溝入河；李升屯決口分溜十分之七。又據《淮系年表·水道編》，汶水漲時，從汶上東北右岸越戴村壩而西北流的名大清河；經東平，左合安山鎮運河支水而北流的名坡河，又名鹽河，至龐家口入黃河。

[201] 同上《治黃史》。

[202] 據《治黃史》稱，是年七月山東河務局因入海口門改變，派員詳勘，是此事發生於七月以前。

[203] 《水道編》一一二頁，據稱，劉莊在李升屯西南約三十里。

[204] 《黃河年表》二五三頁。

一九二九年（民十八年）	二月，決利津扈家灘。[205] 八月，決濮陽南岸黃莊。[206] 秋，決利津南岸紀莊，改從寧海東南，經魚鱗嘴、絲網口，由太平灣入海。[207]	明年六月塞。[208] 九月塞。[209]
一九三三年（民二十二年）	從八月起，豫冀交界北決數十口，分為兩大股：一股由封丘縣貫臺[210]北出至長垣大車集，[211]破堤東北流。一股由長垣縣馮樓北出石頭莊，破堤東北流，由夾河至陶城埠，[212]復歸正河，即咸豐所決之北股故道。又由長垣南岸龐莊漫蘭封、考城，並由銅瓦廂舊口潰小新堤及四明堂，[213]分入	

[205] 同上二五五頁，在縣城下二十餘里。

[206] 同上，唯《治河圖說》作七月決，八月塞，不知是否因陰陽曆而不同。

[207] 同注 206

[208] 同注 205

[209] 均同上，唯《治河圖說》作七月決，八月塞，不知是否因陰陽曆而不同。

[210] 亞光社《平原省分圖》有貫臺，在北岸封丘之東南，又作觀臺；但同社《河南省分縣詳圖》將其地劃入開封縣。據《治河論叢》圖則又地屬陳留。

[211] 在長垣縣之南，與封丘接界。

[212] 在張秋東北，地屬東阿。

[213] 四明堂、蔡村鋪均屬開封，見張了且文，但又寫作蔡樓鋪。此外豫省決口，張氏還舉「九股路」一處，按其地屬長垣，決在民二十三年八月，見《治河論叢》二〇三頁。

一九三三年（民二十二年）	黃河故道，流至碭山高寨、盤龍集，阻於舊堤，折北經豐、沛大沙河入南陽湖，達微山湖，因流量無多，旋即淺涸。[214] 決近海的亂荊子，水向東北流，循韓家垣舊道，至陡崖頭附近入海。[215]	
一九三四年（民二十三年）	八月，河下游改從鹽窩迤上左莊南、寧海莊北、韓東南入海。[216]	
一九三五年（民二十四年）	七月，決鄄城縣董莊，[217] 分正河水十之七八，東流折而南，分為兩股：小股由趙王河穿東平縣運河，合汶水復歸正河。大股漫菏澤、鄆城、嘉祥、濟寧、鉅野、	

[214] 《水利史》九九頁。

[215] 同前《治河圖說》。

[216] 《水利史》九九頁。據《治河圖說》轉載《黃河志》第三篇黃河略圖（即三十七圖下），鹽窩在利津縣東北，左莊在鹽窩之稍西，均屬北岸；寧海在鹽窩之南稍東，即利津東三十餘里，屬南岸。二十三年十二月張含英的撰文說：「今夏以前之河口，則在毛絲坨與魚鱗嘴之間，今年變遷特多，夏初南徙，旋又北移，過舊河口而入海。現則已屆嚴冬，河口又有南遷之消息；據山東下游分段段長季葆仁之報告：新河道出利津入廣饒，繞劉屋子莊至南旺口入海，距小清河之羊角溝僅十里。」（《論叢》九六頁）所謂「夏初南徙」，應即本條的記事。「過舊河口而入海」可能指韓家垣故道。那麼，本年的河口，先後計共有四處了。

[217] 《水利史》，在濮縣李升屯南數里（九九頁），可參看《治河論叢》二〇六頁附圖。

一九三五年（民二十四年）	金鄉、魚臺等縣，經南陽、昭陽、微山等湖，淹豐、沛、銅山，又灌邳及宿遷，由中運河注六塘河、沭河，泗陽、淮陰、漣水、沭陽、東海、灌雲各縣均被災。[218]	次年三月塞。[219]
一九三六年（民二十五年）	海口亂荊子、壽光圩子兩處裁灣取直，引溜十分之七下注引河，故道只占十分之二，亂荊子舊口占十分之一，幾有恢復太平灣出海之勢。[220]	
一九三七年（民二十六年）	決蒲臺鄭家寺，分流至壽光小清河入海。[221]	次年自塞。[222]

這一期中，河患以民二十二年八月為最嚴重，「水位之高，流量之巨，[223]超過歷來測量紀錄。豫、冀兩省黃河漫決五十餘處。被災面積六千三百五十九平方公里，被淹村莊四千處，沖毀房屋五十萬所，災民三百二十萬人，災害慘重，為七八十年

[218] 《水利史》九九－一〇〇頁。
[219] 《水利史》九九－一〇〇頁。
[220] 均《治河圖說》五五頁。
[221] 均《治河圖說》五五頁。
[222] 均《治河圖說》五五頁。
[223] 當日估為二萬三千秒公尺，日本谷口三郎擬定為三萬秒公尺（參看《治河圖說》一一七頁），這個問題現在還有疑問。

來所未有」[224]。

海口的變遷，則民國六年自老鴰嘴南徙於大洋鋪。十三年，自大牡蠣分支，由混水汪出岔河口。十五年，自八里莊東沖一口，溜分七成，由鐵門關故道入海。[225]十八年，改從寧海莊東南經魚鱗嘴、絲網口，由太平灣入海。二十二年，決亂荊子，水向東北流，循韓家垣舊道，至陡崖頭附近入海。[226]二十三年，又改從鹽窩以上左莊南、寧海莊北，轉東南入海。[227]但不久又北移，冬間復創開新道，出利津，入廣饒，繞劉屋子莊至南旺口入海，距小清河口之羊角溝僅十里。[228]二十五年，經過一度裁彎取直，太平灣舊道變為引溜獨多。[229]平均計三年一次，變化之多，至可驚人。如果連清末的計入，則八十年中可知者十九次，平均約四年一次。

《古今治河圖說》曾列出尾閭十一變，計開：

咸豐五年初次。

光緒二十三年再變。

光緒三十年改入徒駭，三變。

---

[224] 同上四九頁。
[225] 以上均據《水道編》。
[226] 均《治河圖說》五五頁。
[227] 《水利史》九九頁。
[228] 《治河論叢》九六頁。
[229] 《治河圖說》五五頁。

光緒三十二年四變。

民六年五變。

民十三年六變。

民十四年由滔二河入海，七變。

民十五年八變。

民十八年九變。

民二十二年十變。

民二十六年由小清河入海，十一變。[230]

這樣統計，我覺得不太妥當，依陳士傑的考查，自咸豐五年至光緒十二年那三十二年當中，南決入小清河的四次，北決入徒駭河的二十餘次（引見前節），如果把它算入，豈止十一變那麼少。依我所統計的海口變遷，則以原日大清河流為準，凡南入小清河或北入徒駭河、洚河、滔二河的都除去不算，依此，則可知的約如下十九次：

咸豐五年，鐵門關。

同治六至十二年，太平灣。

光緒七年，鐵門關。

光緒十五年，韓家垣至毛絲坨。

---

[230] 同上五四－五五頁。

光緒二十一年，一出豐國鎮迤下，一出楊家河。

光緒二十三年，絲網口。

光緒三十年，一支出鐵門關。

光緒三十二年，小岔河（又作小叉河）。

宣統元年，蕭神廟。

宣統二年，絲網口及毛絲坨。

民國六年，自老鴰嘴[231]南徙大洋鋪。

民十三年，出岔河。

民十五年，鐵門關。

民十八年，太平灣。

民二十二年，韓家垣至陡崖頭附近。

民二十三年夏以前，寧海莊東南。

同年北移，實況未詳。

同年冬間，南旺口。

民二十五年，太平灣占溜獨多。

此外，其北侵的有民國初年之徒駭河（參上注 45），十四年之滔二河，南侵的有二十六年之小清河，又二十二年淹漫豐、沛，十五年及二十四年奪占淮系。單就北方而論，則以

[231]　老鴰嘴原屬徒駭流域，何時徙入，無紀錄可考，當是民國初年事。

十四年無棣境的滔二河為最北。查自漢至唐，黃河的海口，本與現在的海口很相近，到景福二年（八九三年），海口北徙無棣，後來卒之沖往乾寧軍去（一〇四八年），即今天津附近，這些經過，更值得我們謹慎地提防著。

這一期承襲著清代的稗政，河防之責，分屬於豫、冀、魯三省河務局。李協早就提議：「特設一總機關，畀之以黃河行政之全權，可以指揮各省於河務有關係各地之縣知事。由此總機關，畀各省水利局以分權，以督促其進行。」[232] 黃河流域猶如整個人身，是不是可以分作數部分而各自指揮其動作呢？除潼關以上不計，黃河經過的地域，以河北省為最短，即有潰決，大率向下流山東氾濫，所以目前清改道以來，冀省無論為官為民，往往如秦越人之視肥瘠，對河務漠不關心，其流弊正如《治河圖說》所指出：「冀豫魯之交，犬牙相錯，往往堤在此而決溢之害在彼；此方不關痛癢，彼方坐失事機，以故決溢之災，最為慘烈。」[233] 就讓一步說吧，各省都能自盡其力，然而某人的病，請一個醫生來醫頭，一個來醫腳，一個擔任診治腹心，恐怕很難收集體之效的。

[232] 同前引《科學》九二三頁。

[233] 《治河圖說》五九頁。

二、二十多年間有什麼發展

這些年頭，黃河流域都處於軍閥割據時代，反動派握政權，當然幹不出什麼有關治河的事務，但由於人民的努力，也未嘗無多少可以值得記載的，茲約舉數件如下：

(1) 水文測量

黃河水文測量，始於民國八年。順直水利委員會於陝縣、灤口設水文站兩處，測驗流量、水位、含沙量、雨量各項，十年八月均改為水標站，專測水位。又八、九、十一、十三數年，先後在太原、平遙、壽陽、澤州、汾州各地，設雨量站。唯澤、汾兩站，於十六、十七年相繼取消，壽陽雨量也自十六年起記載中斷。[234]

十七年冬及十八年夏，華北水利委員會把陝縣、灤口兩站恢復為水文站，並於開封增設水文站一處，潼關、鞏縣、姚期營（屬武陟）、蘭封、壽張、濮縣等處各設水標站。嗣十八年十月，仍改陝縣站為水標站，開封站也於年底取消，其灤口站則於下年一月移交山東建設廳，新設之各水標站，是年亦次第裁撤。唯未廢的雨量站，仍繼續維持，且於同年恢復壽陽雨量

[234] 《黃河年表》二五〇頁。

站，並陸續增設鄭州、壽張、利津、汶上各雨量站。[235]

(2) 測繪河圖

民國八年二月至七月間，運河工程總局制黃河堤岸實測圖，西起沁河口，東至魚山、坡河及姜溝，比例二十萬分之一，執行測務的為外人總工程師里普利（J.Ripley），副工程師布洛迪（H.Brodie）等。[236] 十年，河南河務局長吳篔孫編《豫河志》，附印該局所制之河南全省黃河形勢圖。十二年，順直水利委員會用導線測量自山東周家橋至濼口以下一段黃河，面積約一，〇三〇方公里，水平線二三七公里。所測地形僅及河身左右一二公里，計共繪成萬分一簡圖四十餘張。[237] 十五年七月，山東河務局詳勘入海形勢，成《黃河尾閭圖》，同時《山東黃河三遊詳圖》也告成[238]（直河局有《直隸河圖》，也是這時以前繪製的[239]）。十七年十一月，華北水利委員會自豫境黃河鐵橋起向下遊施測，沿河兩岸地形則測至外堤以外數公里為止，至遞年春而中輟。所用是三角網法，成五千分一地形圖八十九張，約八二〇方公里。[240]

---

[235] 同上二五四－二五五頁。

[236] 詳說可參《歷代治黃史》附圖。

[237] 《黃河年表》二五二頁。

[238] 《歷代治黃史》六。

[239] 同上「凡例」。

[240] 《黃河年表》二五四頁。

(3) 堵口方法

中國舊法是自決口兩端放料填塞，逐漸向中泓進行，名叫「進占」。口門越窄則水速越急，料物往往被水沖走，不但耗費，而且徒勞無功。十二年，宮家壩堵口工程，由美商亞洲建築公司包辦，價一百五十萬元。合龍應用西法，即橫過決口打入平行木樁，釘以橫板，外蒙鐵絲網，於中拋填石料。俟石既出水，樁木上架以橫梁，鋪輕便鐵路，把石料由軌道倒下，漸次填高，先成水面下攔河壩一道，以後漸臻合龍[241]當施用此法時，河工人員多反對，且料其無成。《治河論叢》說：「進占之法，歐西亦實行之，柳石等料，吾國久已用之，是皆為堵決方法之一種，不得強以新舊名之也。至於二者究應採用何種為宜，又須以當時之情勢，與經濟之狀況以為斷……交通困難之區，若必堅持以採用柳石，固屬不可，而在適宜環境之中，必曰稭土勝於柳石，烏得謂宜？若今年之長垣馮樓堵口，乃新舊方法合用者也。先自兩方進占，以至合龍，料物則用磚、石、柳枝，然亦齒成功矣。」[242]按「新」、「舊」之爭，固然顯示清人保守性重，也可能與舞弊問題有關，[243]不能自辦而要包給美商，更見得反動政府之毫無振作。

---

[241]　參《歷代治黃史》六及《治河論叢》二一九頁。

[242]　同上《論叢》七〇頁。

[243]　同上二一六頁說：「用石料則不易出險，不出險則無發財之機會。」

光緒十七年，歷城北岸師家塢決口，因工料缺乏，乃採用掛柳之法，東省之用此法，就自那時為始。[244] 其法把木樁打入水中，或單排，或雙排，繞以鉛絲，以防水沖；樁與樁間插柳枝，梢向下，幹向上；柳枝間也用鉛絲層層紮緊，流水通過時因柳枝阻礙，泥沙沉澱，決口因而逐漸淤塞。二十二年堵馮樓串溝四處，如用石則物價、時間，兩不經濟，遂改用這種緩溜落淤法，第二溝口僅二日即自動斷流，一、四兩溝亦不出二十餘日便淤成平陸。[245]

(4) 抽水和虹吸

十七年，開封附近裝汽油引擎、抽水機各二，吸水以溉堤外民田。[246] 十八年，鄭上汛頭堡安設虹吸管，[247] 徑約十五公分，引黃灌田有成績，淤塞亦輕，後來人民又自動增加一管。[248] 二十二年十二月，歷城南岸王家梨行安裝虹吸管，預算每日可灌田一百五十至二百畝。[249] 據說管線稍短，致進口水接近堤身，鑿池取水，一旦淤澱則失效。[250] 又河南建設廳計劃

---

[244] 同上一九八頁，《黃河年表》(二四三頁) 引《山東通志》作「史家塢」。

[245] 《治河圖說》四五一-五〇頁。

[246] 同上九一頁。

[247] 《黃河年表》二五六頁引《豫河三志》。

[248] 《治河論叢》二四三頁。

[249] 《黃河年表》二六〇頁。

[250] 《治河圖說》九八頁。

由開封南岸柳園口引黃入惠濟河，擬以舊決口窪地為濾水池，自河堤至開封乾渠寬八十英呎，於西郊分作二支：一向南至西南城角折而東，入惠濟河，一向南經朱仙鎮至歇馬營（尉氏西北）入賈魯河，寬五十英呎，閘口之進水量為每秒二千立方英呎，供灌溉及航行之用。[251] 據二十三年黃委會調查，進水池已為泥沙淤平，河去堤遠，能否引水，亦屬疑問。[252] 按上項設施的主要目的，固在灌溉，然未嘗不可利用以應變，「既無開堤之險，且收分水之效，亦屬得計。」[253]

(5) 加速報汛

十八年，河南南岸險工由黃委會經柳園口、東漳（中牟）、來童寨至京水鎮（均鄭縣），共長二百零四里，架設電話五部。[254]

三、這期內治河的主張

治河必須先懂得河性，知河性然後能抓緊重點，針對病源，而施以相當的設計，不至於無的放矢。亦唯曉得河性，然

[251] 《治河論叢》二四二頁。
[252] 《治河圖說》九一頁。
[253] 《治河論叢》一八六頁。
[254] 《黃河年表》二五六頁引《豫河三志》。

後對於各種治河方案，能應用客觀審察，給以相當的估價，斟酌緩急來排定施行的先後程式。近代科學日新，國人談治河的已能從河性入手，《古今治河圖說》曾就黃河之水流、泥沙兩項，指出症結有九，約其大要，可簡為三端，茲先介紹它的概略，有時也旁證他書，加以補充，使讀者多少心中有數，對於各家所提種種方法，才有鑑別的可能，不至於無所適從。

(1) 雨和雨量

「河水之來源，由於雨量，雨量之成災，多在夏季」[255]。《淮安府志》說：「自黃河來水，多四五月發，鳳、泗來水，多七八月發。」[256] 那是黃、淮兩流域的雨季不相同。可是氣象還未能為人力所控制，更未能完全預測，民十年山東方面「夏季雨水之多，為數十年來所未有，自夏曆六月初以迄七月望，四十餘日幾無一日放晴，每日必雨，每雨必大。」[257] 就是特殊的例子，而河患也往往跟著發生。

地面的雨量，有蒸發、滲透和徑流三種去路，據經驗所得，徑流與雨量的最大比例，不能超過百分之四十。黃河流域面積，鄭州以上，七十五萬六千平方公里，潼關以上，七十一

[255] 《治河圖說》六三頁。

[256] 《利病書》二七。舊曆四月即今歷五月，與近人的觀察不同，可參下文《暴漲暴落》條。

[257] 《歷代治黃史》六。

萬兩千平方公里，禹門口以上，五十一萬五千平方公里，蘭州以上，二十一萬六千平方公里，面積雖大，卻很少同時普遍降雨。[258] 但二十二年的大水，據吳明願說：「是年七月中下旬，上游各省暴雨。七月十七日，暴雨陣頭奔入綏遠，十七、八、九三日，在河套一帶下二百零五公釐之雨量。暴雨陣頭繼轉綏南及陝境，二十日夜及二十一日晝夜間，下三百公釐有餘之雨量。暴雨陣頭再向東移，二十四日晚藍田大雨，平地水深數尺。雨線轉向東北，入山西，二十六日晚太原大雨，山洪沖毀公路橋梁。在受雨區域之渭、涇、汾、洛四大支流，與幹河同時並漲。」[259] 又是一個例外。

雨量的來源究竟以那方面為多呢？據黃委會的猜想，黃河洪量來自河套、綏遠的占百分之十五，汾河占百分之二十，涇、渭占百分之六十，伊、洛、沁等河占百分之五。[260] 又張光廷說：二十二年「八月七日，太原汾河為六千秒立方公尺，八月八日，大荔洛河為二千三百秒立方公尺，同日，張家山涇河為一萬一千二百秒立方公尺。渭河雖未實測，依八月七日咸陽。水位及斷面猜想，為六千秒立方公尺，合之已達二萬五千餘秒立方公尺」[261]。又依張含英猜想，八月十日晨二時陝縣流

---

[258] 《治河圖說》六四頁。

[259] 同上六四－六五頁引《二十二年黃河水災之成因》。

[260] 同上六六頁。

[261] 同上引《汾洛渭涇與黃患之關係》。

量約二萬二千六百秒公尺，來自渭河的四千秒公尺，涇河一萬二千秒公尺。[262] 大致來說，涇、渭兩支占總量百分之六十至七十，那麼，防洪就得先從這兩支流來考量。

(2) 暴漲暴落

向來黃水最低為十二月，一月凌汛，二月桃汛，汛過水落，五月暴降，六月漲發，至八月而達最高峰，至十一月半退盡。歷年最高水位，陝縣二九八公尺二三（二十二年八月十日），灤口三〇公尺三五（同上八月），最低水位，陝縣二八八公尺八九（十七年十二月十二日），灤口二三公尺五（八年五月三日），高低之差，自二丈一尺至二丈八尺，然為時均暫。常水位，陝縣為二九〇公尺，平均約達六個月，灤口二五公尺，平均約達六個半月。[263] 除此之外，漲落均驟，如二十二年大水，據安立森報告，八月七日正午，陝縣流量仍為二，五〇〇秒立方公尺，以後逐漸上升，十日晨二時已漲至二三，〇〇〇立方公尺，然其最高峰僅一瞬間，十三日晨 [264] 又落至六，〇〇〇立方公尺。即是說，洪水所經時期不足六日，而最危險之洪水

---

[262] 《治河論叢》五二頁。

[263] 《治河圖說》六六—六七頁引張含英《黃河志》第三篇《水文工程》及吳明願《黃河之汛期及其六級水位》。

[264] 《治河論叢》六七頁作「十四日午時又降為六千之數」，與此相差一日；按同書九三頁又稱「至十四日又落至五千秒立方公尺」，則「六千」許是「五千」的誤筆。

約一〇，〇〇〇秒立方公尺，所占時間不足六十小時。[265] 又據萬晉說，二十四年鄄城董莊決口，七月七日以前，中牟流量未超過二，一〇〇秒立方公尺，但至次日上午十二時忽漲至三，〇八〇秒立方公尺，及夜半十二時至一六，六〇〇秒立方公尺，是一日之增加，相差至一三，〇〇〇秒立方公尺。其退落之速亦如之，九日午十二時即退至一一，五〇〇秒立方公尺，十一日下午八時繼退至四，〇六〇秒立方公尺，幾如普通流量，洪水前後為時僅四日。[266] 至於洪峰能保持多久，又與黃河洪流傳播率有著密切關係，吳明願根據民八至十八年陝縣灤口間之水文觀測，其平均率為每小時四公里三，黃河上游斜度較陡，假定為每小時四公里五，則皋蘭至陝縣一，九〇二公里，需時十八天，寧夏至陝縣一，五一〇公里，需時十四天，包頭至陝縣一，〇二〇公里，需時約九天，河曲（山西）至陝縣七三二公里，需時約七天，陝縣至灤口六二〇公里，需時約六天六小時。[267] 但張含英說：「渭、涇諸河流域凡十二萬方公里，若有暴風雨，則漲潮一二日抵潼關。」[268] 是知能夠求出各區域流速之比較確率，再和各流域之降雨量及降雨時日來結合推算，未嘗不可測得下游之最高洪峰及其保持的時間。綜括來

---

[265]　《治河圖說》六五頁引安立森《查勘河南孟津至陝州間攔洪水庫地址報告》。

[266]　同上引萬晉《防止土壤沖刷為治理黃河之要圖》。

[267]　同上六七頁引《二十二年黃河水災之成因》。

[268]　《治河論叢》五二頁。

說，治黃固是長期的鬥爭，而就每一次防暴洪來看，又是短期的鬥爭，我們應該抓著這種特性而設法加以擊破。

(3) 泥沙分析

黃土為第四紀 (quarternaire) 中期之堆積。「黃土層有不同的成因，如果認為到處黃土都是風成，這是不正確的。如三門峽的黃土及黃土狀土壤就是洪流和河流混合作用所造成的。一般的風成黃土也是從洪積黃土經風力吹揚而造成的，所以黃土的形成過程是很複雜的。……黃土造成的土壤很肥沃，但易受侵蝕破壞，因此對農業生產和水利均有極大的關係。」大抵黃壤之分布，蘭州以上占六萬平方公里，蘭州至寧夏五萬五千平方公里，渭、涇、洛、汾四流域五萬三千平方公里，西安至觀音堂[269]一千方公里，南洛流域二千平方公里，沁水流域二千平方公里，其他一萬五千平方公里，合共十八萬八千平方公里，約當其流域面積四分之一。[270]黃壤層積之厚，恆至數百公尺。[271]到漢族西來，墾殖生息，不遺餘力，往日的豐草長林，漸至摧廢，土壤暴露，水既不能存蓄，土亦隨流以去。每當大雨之後，在處發現無數蛛網狀小溝，深自一寸至數寸，彼此結

---

[269] 《科學通報》一九五五年三期四一頁《關於四紀地質的科學研究工作》。

[270] 《治河論叢》九八一九九頁引《中國地質學會志》十卷二四七頁。

[271] 《治河圖說》六八頁引德人恩格斯《制馭黃河論》。

合，形成廣谷，一遇山洪暴發，奔騰四溢，輒成巨災。[272]不過沖刷下來的泥和沙，性質不同。泥細而浮於水中，其來去都可能很遠，沙粗而沉於水底，其來去往往不遠，故俗語稱勤泥懶沙。綏遠水流寬放，沙常留滯，豫境也多沙，山東則不然。又沙毀田而泥肥田，河南延津今猶積沙沒踝，田不可耕，當是舊日某次決徙的要點，[273]蓋決口之水多沙，漫溢之水多泥，同一黃河而決和溢的利害就不同，同一河決而上下游所蒙之後果也不同。[274]至於上游含沙，據綏遠水文觀測，很少超過重量百分之二，又據涇河水文觀測，春令稍漲，沙重可至百分之三十，復季盛漲，競至百分之五十，洛河情形亦同。大致來說，潼關以下黃河之含沙，渭河流域實為其主要來源。黃委會曾計算京

[272]　同上六八一六九頁參據萬晉《黃河流域之管理及防止土壤沖刷為治理黃河之要圖》。

[273]　同七〇頁引韓止石《隨軺日記》，以為「河南延津為漢代大河所經，距今二千年，猶積沙沒踝，田不可耕」。這一觀察怕不甚正確，漢河所經，不特延津，何以延津獨受其害？李協說：「一八九八年河堤決口，山東境內王家梁地為黃沙所掩，地面占三百方公里。」(同前引《科學》七卷九期) 張含英說：由東明「至考城，沿途極為荒涼，流沙遍地，草木不生，宛如沙漠」(《治河論叢》二三五頁)。又二十三年黃委會勘查報告稱，洪水由開封北岸西壩頭倒灌數十里，平地淤高三四尺，良田盡成瘠土(《治河圖說》九四頁)。那些都是路當決口變成沙地的例子，所以我把原文略加修改，也跟《圖說》下文所稱「決口之水多沙」，互相照應。

[274]　或說：「因為黃河下游的河道，古來常為遷徙，或南或北，本無一定。當其氾濫所及，砂泥沉澱，則土質肥美；一旦河流他遷，砂礫瀰漫，則地多不毛。故積土的肥瘠常視黃河變遷為轉移。」又「如有河水沖積滲透，亦能使鹼質下潛。故黃河氾濫，自另一方面說，固為有害，然自壓潛鹼質作用，使土壤便於農作言，並不是毫無利益的」(〈禹貢〉二卷五期二一頁《禹貢土壤的探討》)，那都是片面的觀點。

漢路鐵橋下每年平均流量一，二一〇秒立方公尺，含沙量為流量百分之三三，又濼口每年平均流量一，二〇〇秒立方公尺，大致同京漢路橋，而含沙量為百分之一五，差至半數以上。[275]可知黃河上游挾帶之泥沙，半沉澱於京漢路橋與濼口之間。[276]總之，黃河挾帶著大量泥沙，結果必令河床一天一天淤高，兩岸的居民就好像築垣居水，是再沒有更危險的事，所以從長期治黃著想，應該怎樣消弭或處理泥沙又是最要緊的問題。

(4) 脆弱環節

這一點《治河圖說》沒有提出，我以為應該列入的。黃河當衝或坐彎的地點，即河務人員所謂險工，也就是常常出事的地點。比方明代的荊隆口屢次沖決，又明萬恭早說，如把銅瓦廂決開，就可使黃河東趨東海，[277]而後來咸豐改道恰在銅瓦廂，那都不是偶然性的，因為它是沖往張秋的路線所必經的地點。就黃河整個大勢來論，汜水以西，山嶺夾束，沒有給它分流的機會。再往東則地勢坦緩，尤其是南岸，古汴渠即從此分

---

[275] 據《治河論叢》九四頁猜想，陝縣全年平均含沙量為百分之二．〇二，濼口為百分之一．〇六。

[276] 《治河圖說》六九－七〇頁。據張含英說：「以二十三年全年計，經過陝縣之攜沙總量約為十四萬五千萬（一、四五一、八五二、一一五）立方公尺⋯⋯若以此泥土築高厚各一公尺之堤，可圍地球赤道三十六周。」（〈禹貢〉六卷一一期《黃河釋名》）

[277] 《圖書整合．山川典》二二三。又俗語說「危險在落水」，就因為洪來時壩根搖撼，洪去後正溜頂沖，故仍有潰決之患，見《治河論叢》九三頁。

支，一路下至蘭封，凡奪渦、奪睢、奪潁的演出，都在那一帶找尋口門，這是黃河最弱的一環。東周以後，明初以前，黃河本從原武東北去，不經鄭州、開封，其左岸的濮陽即數回北出天津的起點，這是黃河次弱的一環。再回說黃河南岸，自東明至鄄城，如有失事，必衝曹、單、金鄉、魚臺，下達豐、沛，這也是黃河很弱的一環，很奇怪的總未見過沖出正常的河道。這個問題向來沒有人提出過討論，據我的管見，當洪水時期黃河往正東流去，被魯西諸島當頭擋住，水勢倒漾，迫得向兩邊分洩，同時，魯西朝西的山谷所受的雨量，以西邊為傾瀉地，黃河泥沙受到沖刷，多不能在此停留，所以那一區域至今還是極低窪的地方，有著一系列的清水湖環繞著它的東邊沿線。唯其低窪，故黃水只有平漫，沒能夠沖開一條河道了。

專就魯省而論，則長清、齊河、歷城、濟陽、惠民、濱縣、利津的北岸決口都可以潰入徒駭，歷城、章丘、齊東、蒲臺的南岸決口都可以潰入小清，而就已往的事實作統計，又以入徒駭為特多，故北岸是黃河較弱的一環。

世界上各大流域的河床雖有時發生小變遷，總不會相差很遠。《禹貢錐指》四〇中下說：「或問：……水未治以前，河從何處行？曰：堯時從大伾山南東出，或決而北，或決而南，氾濫兗、豫、青、徐之域。」這是設想荒古時黃河縱橫的情況。

但自有史以來二千餘年，黃河也沒見得比前安靜，它的出海口門北可以達天津，南可以抵安東，直距在千里以上，比之別個流域是多麼不同。

黃河既有好幾種特殊性，我們如能夠掌握得住，那麼，做實踐工作時自然可能判定了先後緩急，即在研究別人的計畫之時，也可看出可不可行，重不重要了。

這一期內所提的黃河治法，是各式各樣的，然按其性質而歸類，仍不外乎以下六端，間有複述舊說而在以前各節曾經過討論者，這裡只略揭其目，不再贅述。

(甲) 保持土壤　這可算最根本的治黃方法。光緒間陳虬提出治河三策，認河源廣設水閘以殺上游水勢而緩下游之流為下策，[278] 似未免本末倒置。萬晉屢言防制土壤沖刷之必要，大致以為主要原則須節制水之急流，以減少土壤之移動，其辦法是：(1) 種植叢密草類，據各國試驗結果，草地上層土壤須經三千九百年，才被雨水移去，苜蓿地更支持至五千五百年，徑流可減至百分之三強。(2) 攔河蓄水。(3) 凡險峻土地宜停止種植農作物，以草木代之。[279] 保土不只與治河有關，尤與陝、甘、晉三省人民生活有關，是雙重嚴重的問題。至於森林保

[278] 據《國學季刊》十卷三期四五一頁引。

[279] 《治河圖說》七四頁，並參看《科學通報》一九五五年四期七三頁《席承藩再談陝北黃土丘陵區修梯田的問題》。

壞，羅德明以為在黃河流域言，雖二百年尚無把握，[280]似乎言之太過。又劉寰偉說：「治水者苟能不違經濟適宜原則，借森林為協助則可，若恃森林為獨立之治水主要計畫，則未見其有當。」[281]恃為獨立計畫當然是不對的。

（乙）改河說　從表面來看，有點似近於根治的辦法，其實則不切實際，對河患能否消弭，毫無把握。其提法又可約分為下列兩種：

(1) 陝甘改河　田桐謂根本治沙在徙河遠避河套之沙漠，主張自寧夏開口，東出花馬池，經定邊、靖邊，平地開河六百里，分為二支：南支接周水，入北洛，至華陰入河。東支接杏子河，入延水，至延長入河。更有人主張於狄道（今臨洮）渭源間溝通洮、渭，遠避塞外沙漠。這些提議的不可行，正如《治河圖說》所評，黃壤分布不限於河套，沙來自河套的本不甚多，狄道高出洮河約四百公尺，人力亦無可施。尤其田氏說：「晚唐五季以前，陰山之南，河套之地，絕無沙漠，故河水不挾泥沙。」[282]對歷史非常隔膜，難怪他的條議之脫離實際了。

(2) 陳橋改河　這是宋澎提出的，辦法把開封北岸陳橋的大堤決開，引流東北出封丘，循二十二年的決道，沿金堤下

---

[280]　同上《治河圖說》。

[281]　同前引《科學》五卷九期。

[282]　《治河圖說》七二頁。

達陶城埠，復歸正河。他的根據是，陳橋河床高度為七三公尺，堤外地面高度為六七公尺五，改道後河床可降低至一丈五尺以上。水行低地，南岸為已經淤高之故道，北岸又有金堤，地勢亦較高亢，如是，則三十年內豫、皖、蘇三省及冀魯的一部可免河決之憂。李儀祉（即李協）也有類似的主張。[283] 對此問題，我們首先要記取豫河決口，不少在開封以西，陳橋改道是否能保證豫、皖、蘇必無河患？其次，李鴻章也曾說過，勢難挽地中三丈之水，跨行於地上三丈之河（引見前文第十四節下），然而二十二年的決水的一部就由銅瓦廂舊口流入故道，改河後是否能保證南岸必不鬧潰決？如果收效只限三十年，倒不如仍舊貫而不必改作了。

說到這裡，不妨趁便談一下把黃泛區恢復為山東出海的問題。主張山東河道仍可支持數百年，應挽歸故道，如果不含有政治作用，我們是不反對的。不過他們所持理由，總帶著多少偏差的地域成見，想要為治黃求出正確理論，是不可不加以澄清的。即如說：「自黃河南流以後，數年以來，對於農田水利運輸，則發生種種不良影響；據山東省公署報稱，決口以前，每年平均降雨六百公釐，今只四百公釐，以致連年亢旱。附近河流湖沼，水位低減，灌溉不足。」[284] 地有河流，無疑空氣

[283] 同上七九頁。

[284] 同上一一八頁引張一烈《黃河中牟堵口概況》。

溼度會較高，可疑的魯境蒸發之水氣，是否也像人們挾持著地域成見要把全量降回山東境內而不被大氣卷之他往呢？咸豐五年以前，北流斷絕最少有三百五十年，是否那一時期之內，山東農事蒙受種種不利，我們未得到材料來證實，是不能隨便接受的。尤其舊日有一種頗為普遍的傳說，認金人以宋為壑，利河之南而不欲其北，跟上頭所舉的理由很相衝突。諸青來又謂「汴口分流，舊有口門。……王景治之，復其舊跡。……然分流之利，僅屬一時。分流既久，終致改道，以成後日元、明、清三朝奪淮之變局。」[285] 按自紀元之初，黃河正流專走山東，事經千年，至一〇四八－一一八〇年（宋慶曆八年，金大定二〇年）的時期，則遷徙於魯、冀之間，以後轉柁南行，汴渠早已中斷（參前文「導言」）。今欲把元、明、清南徙之局，歸咎於千餘年前的汴口，酷吏周內，何以過之。他說「並無方域之見」，而不知方域之見躍然紙上。

（丙）固定河床　這是李儀祉所謂小康之策，注重控制洪水流向，亦即舊日東水歸槽之意。其細節則設固灘工程（清光緒年間吳大澂已有「守堤不如守灘」之說），打木樁於灘地，單行或雙行，與河流方向構成七八十度，向上游挑著。橛上編柳枝籬笆，[286] 或橛間添柳枝用石塊壓著，並加鉛線牽鎖。此種壩

[285]　同上一二五頁引《論黃河不宜分流書》。

[286]　似即同上書九九頁所說的「柳箔」。

工，相距每五百至一千公尺。唯李氏指出固定河床，最需考慮的就是兩岸之寬度，可先從改除險堤入手：一為改緩兜彎，二為截彎取直。[287] 按黃河自孟津以下，兩岸堤距或僅一二公里，或至十五六公里，[288] 豫冀之交，距寬至廿五公里，鄄城南堤北去高堤口金堤可三十五公里，至黃花寺漸縮至十二公里左右（範縣至張一段，水面有寬達二三十里的），十里鋪（陶城埠東南）堤距七八公里，齊河以東則逼窄異常，僅一公里上下，[289] 河槽固無取其太寬，然以這樣不規則的河槽，要想把它整齊劃一，是為自然條件所限制住的。何況黃河的流勢，有時臥北，有時臥南，遇著急流暴衝，甚至同一日中也發生變動，如要河床保持規律，勢非歲歲調整不可。即如蘭封三義寨附近，十九年七月因河流陡變，水勢南圈，原有的石壩、石堆，多已消滅無跡；又三十餘年前蒲臺原在南岸，築有石壩，自後河身南徙，石壩遂成廢物。[290] 我們即使不惜工費，也常會失去作用。張含英曾說，無充分之測勘研究，此事不易辦理，[291] 就令做出計畫，還要經過長期實驗，才有把握。故「固定中水位河槽」，說來似頗動聽，執行卻委實不易。

---

[287] 同上八四頁。

[288] 明劉天和《問水集》說，滎澤縣漫溢時至二三十里，封丘、祥符亦十餘里。

[289] 同上九〇、九四、九七、九九等頁載《黃委會報告》。

[290] 同上九二及一〇〇頁。

[291] 《治河論叢》六九頁。

（丁）分疏　《孟子．滕文公上》：「禹疏九河，瀹濟、漯而注諸海。」朱熹注，「疏，通也，分也」。《史記．河渠書》嘗稱禹「廝二渠」，廝，現在的《漢書》作釃，司馬貞《索隱》，「廝，《漢書》作灑，《史記》舊本亦作灑，字從水。按韋昭云，疏決為灑字，音疏跬反。廝即分其流，洩其怒」。我們現在已知道上古並沒有大禹治河的事實，從中國社會發展史的客觀體察，元前二千餘年的時代也不需要那麼細緻的工作，則分作「九」河或分作二渠都無非表示黃河的自然趨勢。有一定的水量，應有一定的相當容積，否則必會漫溢，這是極淺而易知的物理，所以就一般的治河方法來論，就任何時河水已達到飽滿程度（對堤防而言）必需救急來論，分疏應占居最首要的位置。不過分疏的方法有多種多樣，其中某些，近世常別立名目以免混亂，但從原則上說，都由「不與水爭地」的觀點出發而屬於分疏的性質，以下就依近世的稱謂，列作四類：

（1）分河和減河　是分疏最簡單的方式。[292] 宋、明以後，人們漸深徹地了解黃河淤塞性的嚴重，在理論上反對分河的往往占多數，然而治河有名的人，卻很少堅決反對分洩。《至正河防記》引賈魯說：「減水河者水放曠則以制其狂，水隳突則以

[292]　劉寰偉說：引河法「為另鑿一引河使與原道並行。以分助流通一部分之水者有，無論何時均開通者亦有。僅於水漲時開通者，其目的在增加水之通路以容納分外之水量，亦有引河於下流與原道合流者，唯大多數則以水分注於鄰近缺水之河焉。」（《科學》五卷八期八三〇頁《水利芻言》）

制其怒。」[293] 靳輔說：「平水之法奈何，量入為出而已」，「又為閘壩涵洞以減之，務令隨地分洩，上既有以殺之於未溢之先，下復有以消之於將溢之際，故堤得保固而無衝決也」。[294] 甚至力主束水攻沙的潘季馴也得承認「黃河之濁，固不可分，然伏秋之間，淫潦相仍，勢必暴漲，兩岸為堤所固，不能洩則奔潰之患有所不免」。[295]

近年研究水利學的像李協、張含英等，也認為河非絕對不可分。[296] 尤其重要的，我認為王景唯能應用有節制的分疏，所以取得輝煌的成績。其次，談到分在什麼地方的問題，大約可分為兩種。有擬分在冀、魯的，李儀祉曾議在北岸長垣石頭莊決口開一減河，接入金堤南之清水河，至陶城埠復歸正河。又議在東明劉莊開口，分水通宋江河和清水河，出東平湖，由姜溝歸入正河（以上兩策，可參看《治河圖說．三十五圖》上）。歷城以下，則議減入徒駭，安立森也有同樣的建議[297]（並參第

[293] 《元史》六六。

[294] 據《治河圖說》六一及一二八頁引。

[295] 《河防一覽》。

[296] 同前引《科學》九〇二頁及《治河論叢》四九頁。

[297] 《治河圖說》五二及八二－八三頁。張含英說，徒駭河納十五縣之坡水，於二十年疏濬之後，上游穿運處可容流量一三〇秒立方公尺，下游最窄處亦可容三五〇秒立方公尺，如能於壽張挑引河十五公里引黃入古趙王河（即徒駭河上游之南支），儘可容三十秒立方公尺之水（《治河論叢》一八五頁）。按劉寰偉《水利芻言》論支流改向法曾說：「所擇之支流必無斜度或斜度甚微，而其所擇以受水之鄰河又必為前此水量甚少之河道，其效果乃有可見。」（同前引《科學》五卷九期）

十四節下四項「分入徒駭」條)。有擬分在河南的，即於鄭縣京水鎮等處建築溢流堤(亦可稱分流堤)，因黃河最大流量之週期約為五六年，這種溢流堤只分洩超過某種高水位後之最高洪水量的一部分，不是分洩平水，也與析河成兩股有點不相同。[298]

(2) 滾水壩　已在十四節下二項約略談過。安立森主張建於山東南岸鄄城臨濮集下金堤和官堤之間，洪水時引水量約二萬五千萬立方公尺，使平漫於一千六百平方公里之面積，計算水深不過二公寸半，近堤與水深之處可達二三公尺，經一週後又復盡歸正河，只損失一次秋禾。這類情事每五年才發生一次，總比決口之全被淹沒，勝過許多。而且滾水壩所過的水多含細沙，有益於農田，成本又比引河低。[299]

武同舉則稱豫、冀之交，河勢漸縮，[300]應就迤上北岸濮陽堤建立滾壩，減水由引河匯入古大金堤南面之夾河，並添築南堤，束水至東阿，仍歸正河(與前引李儀祉的石頭莊減河大致相同)。又魯河中下兩遊的北岸也建滾壩數座，壩下開引河築堤，減入徒駭。[301]

李協對滾壩有過批評，他說：「潘氏創設滾壩(即 over-

[298]　同上《圖說》一二六頁。

[299]　同上八三頁。

[300]　這一點似與前(丙)固定河床條所引黃委會的報告有些不符。

[301]　同前《圖說》一二二頁。日人谷口三郎稱習城集至陶城埠間河幅特寬，可作洪水時期之調節池(同上一一七頁)，用意也與濮陽減水相同。

flow weir）以減水，所減者盛漲之水也。河床日高，則堤培之益高，而滾壩之底日形其低，不足以範常流，故必以土封之。迨水漲抉去土封，則不唯漲潮瀉而常流亦移，而致水分歧矣。」[302]

按滾壩跟減水實同一原則，故溢流堤也可稱滾水壩，[303]李氏固主張減河（見前條），他只是反對滾壩在技術觀點上表現的缺陷。張含英對滾壩是贊成的，他說：「於水位達一定高度，水即可漫壩而分其流，既免淤積之弊，且收分水之效。」[304]

據拙見來批判，滾水壩比之分河（指利用現成的川流而說），似乎害多而利少，所因壩後仍開引河，則無論在經濟或占地，均耗費過大。如果不開的話，滾過之水便四圍散漫，直可稱作「變相的人工潰決」，靳輔之所以大受攻擊，這是最主要的理由。我們研究治黃的目標，無非想把災害減至最低的限度，若照安立森說，每約五年便損失大量的田禾，顯然跟我們的要求不相合。再論滾壩的作用，須待洪水來到壩前，才生效力，也不像減河可以靈活地運用，預先抽去底水。顧一柔說：「滾水石壩及格堤之法，即斗門回注之意。」[305]從實際運用來

[302] 同前引《科學》九〇三頁。
[303] 見《治河圖說》一二六頁。
[304] 《治河論叢》一二頁。
[305] 《錐指》四〇下。

看，這兩種方法是有其相當距離的。更有一點，諸青來以為潘、靳治河任堤防不任減壩，[306] 也須加以澄清。潘氏《河防一覽》說：「今有遙堤以障其狂，有減水壩以殺其怒，必不如往時多決。」治河最壞是潰決，而潘氏所倚賴的最後武器，就是溢位縷堤以外有著減水作用的遙堤與減水壩，靳氏大受各方責備，也只答允停放減水壩一年（見十四節下二項），可見一髮千鈞之際，潘、靳的最後武器還是靠滾水壩，哪能認為他們不在減壩呢？

(3) 水庫　用意跟分河相類而方式不同，劉寰偉說，水庫有二種，天然的與人造的。天然的如湖沼、河身等，人造的大別之為常流的和積儲的，前者的排水通道適合一種比例，使最大且急的水流不逾下游河道之容量。他又分析水庫的利益，大致歸納為四項：

(一) 影響之遠及救濟面積之廣為他計畫所不及。

(二) 隨地形之適宜，可建築於幹流或支流。

(三) 不獨能阻肥土之沖蝕，且每次水退後多一層肥土，增加沿庫區域之生產力。

(四) 能增加蒸發、吸收和滲入的分量以減少逝流。[307]

---

[306]　同上《圖說》一二九頁。
[307]　同前引《科學》五卷九期。

水庫，宋人稱作水匱，或加木旁作水櫃（參前文第十節九項）。明永樂九年，宋禮「於汶上、東平、濟寧、沛縣並湖地設水櫃、陡門，在漕河西者曰水櫃，東者曰陡門，櫃以蓄泉，門以洩漲」。

如南旺、安山、[308] 馬場、昭陽、[309] 蜀山和淮北射陽，江南的開家，[310] 都是明人設在運河沿岸的水庫，但目的注重濟涸助運，而不是減洪，且沒有推廣到黃河流域。自然蓄水池則現在中國長江的洞庭、鄱陽，淮水的洪澤，都具有調節水量的作用，黃河是在古有滎澤、鉅野，滎澤淹沒甚早，鉅野到元末也淤平（見前文第八及第十二節）。

余闕說：「中原之地，平曠夷衍，無洞庭、彭蠡以為之匯，故河常橫潰為患。」[311] 丘濬《大學衍義補》說：「曩時河水猶有所瀦，如鉅野、梁山等處。」陸深（弘治時人）《續停驂錄》說：「今欲治之，非大棄數百里之道不可，先作河陂以瀦漫波。」劉天和以「旁無湖陂之停瀦」為河患原因之一。[312] 又劉堯誨《治

[308] 安山湖屬東平，在運河西岸，周圍六十五里，明永樂九年創設，成化中工部侍郎杜謙急擬恢復，正統三年曾一度挑浚，旋又淤廢。清雍正三年，何國宗議復建安山水櫃，也沒有實行，見《經世文編》一〇四。

[309] 昭陽湖到嘉靖十九年已淤成高地，見《明史》八五，三十四年，依吳鵬的奏，把昭陽櫃外餘田召民佃種，見《金鑑》二五引《世宗實錄》。

[310] 《明史》八五。

[311] 《治河論叢》六六頁引。

[312] 《圖書整合・山川典》二二四。

河議》說：「河性至湍悍，有以瀦之，則緩其性而不為暴，有以分之，則殺其勢而不為厲，古今治河無出此二者。」[313] 這一派的言論早已強調黃河應設水匱，可惜明、清治河人員都沒有付諸實行。[314]

民二十四年頃，黃河水利委員會打算在黃河上中游各支流分設水庫，停蓄過量的洪水（渭蓄百分之三十；涇，百分之四十五；北洛，百分之十五；汾，百分之十；又沁、洛也各蓄若干），使下游只納每秒六千五百立方公尺。據安立森《查勘孟津至陝州間攔洪水庫地址報告》略說，水庫功用與有出口之湖或壩相似。黃河流域在京漢路橋以上為七十三萬平方公里，最大流最可至二萬五千秒立方公尺，但試比觀流域略相等之長江，最大流最可至七萬秒立方公尺，美國密西西比河可至八萬秒立方公尺，則黃河流量問題本不嚴重。唯是黃河漲落，異常突兀，最危險的洪水約一萬秒立方公尺，所占時間不足六十小時，全部水量不過十一萬萬立方公尺，如能於寬六百公尺，坡度千分之一的河上，建一高六十二公尺的水壩，就能容納，而流量可節製為一萬秒立方公尺。它又說，經過水庫儲蓄，經過

[313]　同上二二七。

[314]　《永定河續志》載同治十二年鄒振嶽請上游置壩節宣水勢稟說：「……其病源在上游之水來勢太驟。……若於上游段段置壩，層層留洞以節宣之，使其一日之流，分作兩日、三日，兩日、三日之流，分作六日、七日，庶其來以漸，堤堰可以不致潰決。」《治河圖說》以為此論移於治黃，尤為確切（七一頁）。